高校乒乓球课程优化与实战技巧研究

王钟云 著

西北工业大学出版社
西安

【内容简介】 乒乓球课程的建设与优化对于高校乒乓球运动的发展及学生运动水平的提高具有重要的意义，本书以乒乓球课程优化与实战技巧训练为主题，对乒乓球课程教学中的各个部分展开细致的研究与分析。其主要内容包括理论与实践两个部分，理论部分主要涉及乒乓球课程内容资源、教学方法、组织与评价优化等内容，实践部分主要包括乒乓球技术教学与技巧训练、乒乓球战术教学与技巧训练、乒乓球裁判员执裁能力的培养等。

本书适合从事乒乓球运动教学训练的高校教师学习，也可供乒乓球运动研究者阅读参考。

图书在版编目 (CIP) 数据

高校乒乓球课程优化与实战技巧研究 / 王钟云著
. — 西安 : 西北工业大学出版社 , 2022.3
 ISBN 978-7-5612-8118-5

Ⅰ . ①高… Ⅱ . ①王… Ⅲ . ①乒乓球运动 – 体育教学
– 教学研究 – 高等学校 Ⅳ . ① G846.2

中国版本图书馆 CIP 数据核字（2022）第 035982 号

GAOXIAO PINGPANGQIU KECHENG YOUHUA YU SHIZHAN JIQIAO YANJIU
高校乒乓球课程优化与实战技巧研究

责任编辑：张　友	**装帧设计：**马静静
责任校对：朱晓娟	
出版发行：西北工业大学出版社	
通信地址：西安市友谊西路 127 号	**邮编：**71002
电　　话：（029）88491757，88493844	
网　　址：www.nwpup.com	
印 刷 者：北京亚吉飞数码科技有限公司	
开　　本：710 mm×1 000 mm	1/16
印　　张：10.5	
字　　数：193 千字	
版　　本：2022 年 6 月第 1 版	2022 年 6 月第 1 次印刷
定　　价：58.00 元	

如有印装问题请与出版社联系调换

前　言

随着我国体育事业的高速发展,学校体育教育也在近些年来受到高度重视。高校是人才培养的重要基地,也是学生提升自身综合素质的重要场所。如今,高校体育课程内容日益丰富,极大地满足了大学生的学习需求。乒乓球被誉为我国的"国球",其进入学校体育课程的时间较长,在高校体育课程中占据着重要的地位,选择乒乓球作为选修课的学生非常多,这与乒乓球运动自身特有的价值与魅力是分不开的。尽管乒乓球在高校体育教育中占据着重要的地位,然而,其发展仍然存在一些制约因素,与篮球、足球等体育课程相比还比较欠缺。这突出体现在:乒乓球课程的宣传不到位;乒乓球理论研究不够深入,学术研究成果不多;乒乓球实践技巧教学缺乏创新,难以取得理想的教学效果;等等。以上因素都严重影响到高校乒乓球课程教学的进一步发展,鉴于此,特撰写了本书,希望能够从理论和实践方面入手,全面深入地研究高校乒乓球课程教学与实战,全面优化和提升乒乓球课程教学的效果。

本书分为8章,第一章主要对高校乒乓球教学及课程建设现状进行分析,帮助学生初步了解乒乓球运动的基本知识和发展状况。高校乒乓球课程教学优化是本书的重点内容之一,主要涉及第二至第五章内容。其中,第二章主要阐述高校乒乓球课程教学的基本理论体系,涉及教学目标、教学理念、教学原则、教学环境等方面,为乒乓球课程教学活动的开展奠定必要的理论基础;第三至第五章分别对高校乒乓球课程教学内容资源、教学方法、课程组织与评价三方面的优化进行研究与探索,并提出针对性的发展策略。第六章和第七章属于本书的实践部分,主要对高校乒乓球技战术教学与实战技巧进行细致的研究与分析,为学生提高乒乓球技战术水平提供实践指导。第八章是关于高校乒乓球裁判员执裁能力培养与提升的探究,为高校乒乓球人才的培养提供指导。

本书结构清晰,内容丰富全面,对高校乒乓球课程教学的各方面进行了全方位的研究与分析,充分体现出本书研究的科学性、系统性、针对性、发展性、全面性等特点。本书对体育教师教学和学生参与乒乓球课程的学习都有重要的指导作用,有一定的阅读和参考价值。

在撰写本书过程中,参阅了相关文献、资料,在此对其作者表示最诚挚的感谢!由于时间和精力有限,书中不足和纰漏之处,敬请广大读者指正!

著　者
2020 年 12 月

目 录

第一章 高校乒乓球教学及课程建设现状…………………1
- 第一节 认识乒乓球运动……………………………………1
- 第二节 乒乓球运动在高校中的发展概况…………………11
- 第三节 高校乒乓球教学与课程建设现状分析……………14

第二章 高校乒乓球课程教学理论体系优化……………20
- 第一节 确定合适的乒乓球课程教学目标…………………20
- 第二节 坚持正确的乒乓球课程教学理念…………………24
- 第三节 严格遵循乒乓球课程教学原则……………………27
- 第四节 创设良好的乒乓球课程教学环境…………………30
- 第五节 制定完善的乒乓球课程教学文件…………………32

第三章 高校乒乓球课程内容资源的挖掘与优化………39
- 第一节 高校乒乓球课程教学内容构成……………………39
- 第二节 高校乒乓球课程教学内容的选择与应用…………47
- 第三节 高校乒乓球课程教学内容资源的开发与发展对策…52

第四章 高校乒乓球课程教学方法优化……………………61
- 第一节 体育教学方法概述…………………………………61
- 第二节 常见的高校乒乓球课程教学方法及应用…………65
- 第三节 信息化技术背景下创新的教学方法及应用………72
- 第四节 高校乒乓球课程教学方法优化策略………………78

第五章 高校乒乓球课程组织与评价优化…………………81
- 第一节 高校乒乓球课程教学组织方法……………………81
- 第二节 常见乒乓球课程教学评价手段……………………88
- 第三节 教师教学与学生学习的评价方法…………………91
- 第四节 高校乒乓球课程教学评价优化策略………………95

第六章　高校乒乓球技术教学与实战技巧·················98
第一节　学习和掌握乒乓球技术原理·················98
第二节　乒乓球基本技术教学··················101
第三节　乒乓球组合技术教学··················109
第四节　乒乓球实用技术实战技巧················111

第七章　高校乒乓球战术教学与实战技巧·············117
第一节　学习和掌握乒乓球战术原理················117
第二节　制定乒乓球战术需要考虑的因素·············120
第三节　乒乓球单打战术教学··················121
第四节　乒乓球双打战术教学··················130
第五节　乒乓球战术意识与技巧的训练··············132

第八章　乒乓球裁判员执裁能力的培养与提高···········137
第一节　乒乓球竞赛规则与规程·················137
第二节　乒乓球裁判员临场操作程序···············143
第三节　乒乓球竞赛的抽签与编排················147

参考文献······························156

第一章 高校乒乓球教学及课程建设现状

乒乓球被誉为我国的"国球",这项体育运动具有竞技性、健身性、娱乐性等特征,具有增强体质、提升智力、休闲娱乐、社会交往等功能。在高校普及乒乓球运动,开设乒乓球课程,完善乒乓球教学,有助于改善大学生的健康现状,提升大学生的体质健康水平和思维能力,同时能培养大学生果敢坚韧的意志品质和良好的社交能力。本章主要就高校乒乓球教学及课程建设现状进行分析,首先阐述乒乓球运动的基本理论知识,其次简要分析乒乓球运动在我国高校的发展概况,最后指出我国高校乒乓球教学与课程建设的现状与问题。

第一节 认识乒乓球运动

一、我国乒乓球运动的发展简史

(一)旧中国的乒乓球运动

乒乓球运动传入中国的时间是1904年。1916年,中华基督教青年会上海分会童子部首先开设乒乓球房。1918年,上海成立全市的乒乓球联合会,并建立乒乓球队,1923年第一次举办乒乓球比赛。同年,全国乒乓球联合会在上海成立,中国乒乓球运动得到初步发展。

(二)新中国的乒乓球运动

新中国成立后,乒乓球运动在我国经历了以下几个发展阶段。

1. 第一阶段:领先于世界(20世纪50年代)

从20世纪50年代开始,我国乒乓球运动飞速发展。1953年,我国第一次参加世界乒乓球锦标赛(以下简称世乒赛)。1959年,我国首次夺得世乒赛男单冠军，从此中国乒乓球运动在世界崛起。1961年，我国主办第26届世乒赛，并获得3项冠军。1965年，我国在第28届世乒赛上斩获5项冠军，从此步入世界乒坛前列。

2. 第二阶段：技术创新、改革与发展

20世纪70年代，中美开展"乒乓外交"。从技术上来看，中国乒乓球不断发展和创新，保持了"快、准、狠、变"的风格特点，并在此基础上增加了"转"，直板正胶普遍增加了上旋球，在第32～35届世乒赛上中国乒乓球队取得了优异的成绩。我国在这一时期形成了新型直板反胶进攻打法和横直板两面不同性能球拍的"倒板"打法。这些创新推动了我国乒乓球运动的进一步发展。

3. 第三阶段：培养新人，再创辉煌

在1981年的世乒赛上，我国乒乓球运动员夺得7项冠军，达到新的高峰，创造了奇迹。在20世纪80年代的五届世乒赛中，中国选手获得的金牌数占到金牌总数的80%。

4. 第四阶段：为国争光，勇攀高峰

20世纪90年代，世界乒乓球呈多元化发展趋势，我国乒乓球运动的发展受到潜在威胁。在第40届、41届世乒赛上，中国队接连失利，但经过反思后重整旗鼓，狠抓管理，培养新人，最终走出低谷，在第42届世乒赛上夺得4项冠军，再创辉煌。

21世纪，中国队在世界乒坛一直处于顶峰，中国乒乓球运动员不断在世界大赛中创造佳绩，为国争光。从中国队最新在世界乒乓球大赛中取得的成绩中也能看到中国乒乓球的竞技实力与地位，如：2016年里约奥运会上，中国队获得乒乓球男单、女单、男团、女团的冠军；2017—2018年第54届世乒赛上，中国队包揽了所有项目的冠军；2018乒乓球世界杯赛上，中国队获得男单、女单、男团、女团冠军。

综观我国乒乓球运动的发展历史，有过辉煌，有过低谷。值得骄傲的是，现在我国乒乓球占领世界乒坛顶峰，而且中国"乒乓精神"对一代又一代的乒乓球选手产生了巨大的激励作用，成为乒乓球运动员坚持奋斗、刻苦钻研、开拓创新、为国争光的重要动力，这种精神也激励着中国广大人民群众，对人民群众的生活有潜移默化的影响。

二、乒乓球运动的专项技术特征

竞技运动员在竞技比赛中能否获胜,关键要看其竞技能力。也就是参赛能力如何。运动员的竞技能力由体能、技能和心智三大要素构成(见图1-1),不同的构成要素其表现形式、功能作用都是不同的,各要素相对独立,也相互联系,相互影响。下面主要从技能方面对乒乓球专项技术特征进行分析。

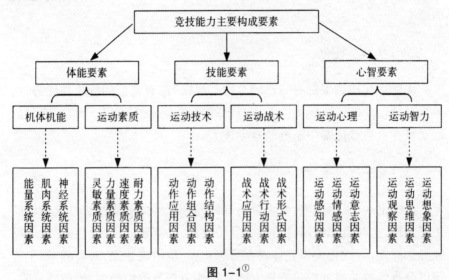

图 1-1[①]

(一)技术多样性

乒乓球体积小,质量轻,旋转多,所以乒乓球技术多种多样,而且变化快,这是乒乓球运动和其他球类项目相比最明显的特点之一。不管是发球,还是接发球,都会产生复杂多变的旋转。

(二)技术细腻性

乒乓球技术在"三小球"中是最细腻的,这与这项运动本身的属性有关,如体积小、较快的速度、较多的动作变化以及较强的技巧性等。细腻的技术对运动员的神经系统功能、运动部位的感知觉能力提出了较高的要求,因此在乒乓球运动中培养球员的球感非常重要。

---

① 胡亦海.竞技运动训练理论与方法[M].北京:人民体育出版社,2014.

(三)技术立体化

在乒乓球运动中,运动员发球和接发球的范围是一个立体空间,包括前后、左右、上下多个维度和角度。竞技乒乓球运动中对抗双方的较量是全方位的,任何一方的作战都必须是立体性的,要在不同的站位上都表现出自己的竞技实力,所以说乒乓球比赛是一场全方位的立体空间作战活动,只有在特定空间范围内的不同站位发挥全面的技战术,才能提高获胜的概率。

(四)技术个性化

优秀乒乓球选手都有自己的个性与风格,都有自己的特长与优势,这是乒乓球运动的一大魅力。没有自己的风格、特长不突出、个性不明显的运动员在乒乓球比赛中制胜的难度较大。

(五)女子技术男性化

积极主动、灵活应变、全面分析、准确判断、冷静处理是男性化意识的主要表现,这些意识中蕴含着很多品质内涵,如有胆有谋、悟性高、意志坚强等。此外,男性化意识还体现在思想积极、价值观正确,对技战术、主客观以及赛练的关系处理得当等方面。这些表现与思想简单、价值观狭隘、保守固执、偏激冲动等表现是相反的。在现代乒乓球运动的发展中,女子选手在技术运用上越来越偏向于男性化意识,技术水平越来越高,男性化趋势明显。

三、乒乓球术语

(一)球台术语

1. 端线

端线是球台两端与球网相互平行的白线,宽 2cm。

2. 边线

边线是球台两侧垂直于球网的白线,宽 2cm。

3. 中线

中线是球台中央平行于边线的白线,宽 3mm。

4. 全台

全台是指整个台面。

5. 1/2 台

1/2 台是指全台的 1/2,包括左半台和右半台。

6. 2/3 台

2/3 台是指全台的 2/3,有左、右之分。

边线、中线如图 1-2 所示,右 2/3 台如图 1-3 所示。

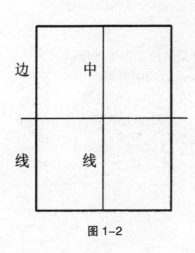
图 1-2

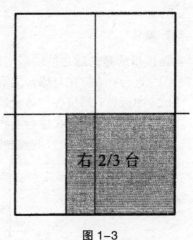
图 1-3

(二)球台区域

1. 底线区

底线区是指与端线相距 30cm 以内的台面区域。

2. 近网区

近网区是指与球网相距 40cm 以内的台面区域。

3. 中区

中区是指台面的中间位置。

球台区域如图 1-4 所示。

图 1-4

(三)站位与击球距离

1. 站位

站位指的是击球之前的基本位置。常见站位如图 1-5 所示。
(1)近台:站位在与球台端线相距 50cm 以内的范围。
(2)中近台:站位在与球台端线相距 50～70cm 的范围。
(3)中远台:站位在球台端线相距 70～100cm 的范围。
(4)远台:站位在与球台端线相距 1m 以外的范围。

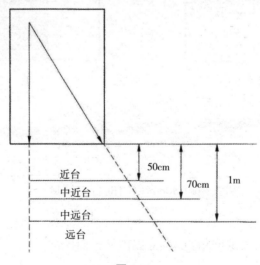

图 1-5

2. 击球

根据不同的站位,对应的击球方式有以下几种。

（1）近台击球：在与球台端线相距30～50cm的区域内击球。

（2）中近台击球：介于近台与中近台之间击球。

（3）中远台击球：介于中近台与中远台之间击球。

（4）远台击球：在远台（距离端线1m外）区域击球。

（四）击球点

击球点是指在击球时，球拍同球相接触的瞬间的那一点所处的空间位置，这一位置是相对于击球者所处的位置来说的。击球点包含以下几种要素：

（1）球在身体的前后位置。

（2）球与身体距离的远近。

（3）球空间位置的高低。

击球点与击球者、击球时间密切相关，运动员步法不到位很容易造成击球点不准。

（五）击球路线

击球路线指的是击球点到球落点之间所形成的线。

1. 基本路线

以击球者为基准，击球路线主要有以下几条：

（1）左方斜线。

（2）左方直线。

（3）中路直线。

（4）右方直线。

（5）右方斜线。

基本击球路线如图1-6所示。

2. 详细路线

在基本路线的基础上，又可以细分出9条击球路线，如图1-7所示。

（1）左方3条路线：从本方球台左方至对方的右方、中路、左方。

（2）右方3条路线：从本方球台右方至对方的左方、中路、右方。

（3）中间3条路线：从本方球台中间至对方的中路、左方、右方。

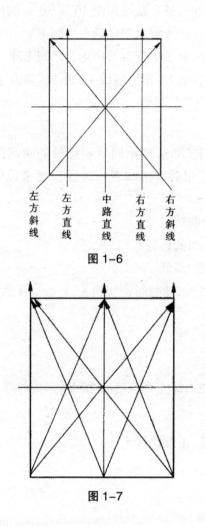

图 1-6

图 1-7

（六）击球时间

击球时间指的是来球在本方台面弹起之后，其运行轨迹从着台点上升再下降至触及地面以前的过程。具体可划分为以下几个阶段（见图1-8）：

1. 上升前期

球弹起刚刚上升的阶段。

2. 上升后期

球弹起上升到与最高点接近的阶段。

3. 最高点期

球弹起上升到最高点的阶段。

4. 下降前期

球从最高点开始下降的阶段。

5. 下降后期

球下降到触地前的阶段。

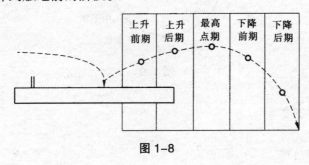

图1-8

（七）击球部位

击球部位是击球时球拍触碰球的具体部位。以表盘形式对不同击球部位的标注如图1-9所示。

1. 上部

拍触在球的"12"点附近。

2. 上中部

拍触在球的"1"点附近。

3. 中上部

拍触在球的"2"点附近。

4. 中部

拍触在球的"3"点附近。

5. 中下部

拍触在球的"4"点附近。

6. 下中部

拍触在球的"5"点附近。

7. 下部

拍触在球的"6"点附近。

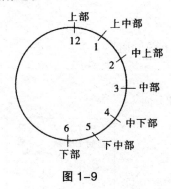

图 1-9

（八）球拍拍形

1. 拍面角度

拍面角度是指整个拍面同球台面所构成的角度。当这个角度小于90°时，称之为"前倾"；当角度大于90°时，称之为"后仰"。

击球部位不同，对应的拍面角度也不同：

（1）拍面向下：球拍触球接近球"12"点的部位。

（2）拍面前倾：球拍触球接近球"1"点的部位。

（3）拍面稍前倾：球拍触球接近球"2"点的部位。

（4）拍面垂直：球拍触球接近球"3"点的部位。

（5）拍面稍后仰：球拍触球接近球"4"点的部位。

（6）拍面后仰：球拍触球接近球"5"点的部位。

（7）拍面向上：球拍触球接近球"6"点的部位。

拍面角度如图 1-10 所示（图中未示出拍面向下和拍面向上的情形）。

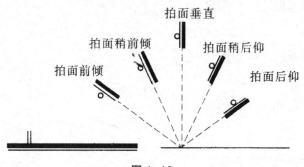

图 1-10

2. 拍面方向

拍面方向是指击球过程中球拍拍面的朝向。拍面朝左时,击球的右侧;拍面朝右时,击球的左侧;拍面朝前时,击球的后方。通过调整拍面方向可以掌握相应的击球动作。

(九)击球节奏与摆速

1. 击球节奏

击球节奏是指由于击球时期、发力大小、摩擦球厚薄等因素的影响,在击球时所形成的在击球速度上快慢不同的节奏。

2. 摆速

摆速是指击球过程中左、右两边照顾时,持拍手摆动的快慢。

(十)发力方向与发力方法

1. 发力方向

发力方向是指击球时向着哪一个方向发力。同一个拍形可以出现不同的发力方向。

2. 发力方法

发力方法是指运动员身体各部位在击球时的发力顺序和主次关系,尤其是大臂和小臂之间的发力顺序以及主次关系。

第二节 乒乓球运动在高校中的发展概况

一、高校学生对乒乓球运动的认知情况

(一)喜爱情况

当前,我国高校设置的体育课程丰富多样,大学校园中流行的体育项目五花八门,高校体育课从以班级为单位统一上同一门课程的形式逐渐发展为学生根据自己的兴趣爱好选修课程的形式。大学生决定选修哪门体育课时,往往会从自己的兴趣、需要、特长、身体活动能力和考试能力等

实际情况出发。为了满足不同学生的需求,高校开设多样化的体育课,大学生的选择面广,从他们选择的课程中可以看出他们对不同体育项目的喜爱程度。调查发现,高校喜欢乒乓球运动的大学生比较多,这与乒乓球运动是我国的"国球",影响力巨大,而且乒乓球运动具有健身、娱乐等功能有很大的关系。

(二)参与情况

1. 参与态度

人对待任何事物的行为活动是由其对该事物的态度所决定的。学生的学习行为表现由其学习态度所决定,而学习态度又反映在学习行为、习惯中。学习态度积极的学生往往会主动学习,学习效果较好;而持消极学习态度的学生在被动学习中难以取得理想效果,学习成绩也难以令人满意。调查发现,高校大学生积极参与乒乓球运动的情况还是比较乐观的,参与态度积极的学生较多,消极被动和持无所谓态度的学生相对较少。主动参与乒乓球运动的学生大都喜爱乒乓球运动,并且希望通过参与这项运动可以锻炼身体,丰富校园生活。而部分大学生之所以没有积极参与乒乓球运动或没有选修乒乓球课程,一方面与其自身的兴趣爱好有关,另一方面与学校乒乓球教学条件有关,如硬件教学条件简陋,缺乏场地器材,课堂上教师一贯的传统教学风格无法使大学生专注学习课堂知识,无法调动学生的学习积极性,等等。

2. 参与动机

大学生参与体育活动是内在动机驱使的结果,动机的功能作用主要表现为确定和调节行为方向、强化行动、维持习惯等。良好的体育学习动机有助于提高大学生参与体育活动的效果。通过调查发现,大学生参与乒乓球运动的动机主要集中在锻炼身体和娱乐放松两方面,此外,以展示特长与个性、结交朋友、锻炼意志为动机与目的而参与乒乓球运动的学生也占到一定的比例。不管大学生出于什么动机和目的参与乒乓球运动,只要动机合理,目标明确,都是值得肯定的,这些动机能够推动大学生积极参与学校乒乓球活动,促进乒乓球运动在大学校园的普及与推广。

3. 参与行为

调查发现,高校中经常参与乒乓球运动的学生不及经常参加篮球、跑步等运动的学生多,导致大学生不经常参加乒乓球运动的原因包括场地

第一章 高校乒乓球教学及课程建设现状

有限、设施条件差、环境氛围不和谐、得不到有效指导等。参与频率低制约了乒乓球运动在高校的全面普及与广泛开展。

二、高校乒乓球课程开设情况

高校设置的体育课程直接影响大学生终身体育意识的培养与终身体育锻炼习惯的养成。高校乒乓球课程的开设情况影响大学生参与乒乓球运动的意识与行为,若高校重视乒乓球运动,设置了不同形式的乒乓球课程,那么大学生对这项运动的参与度就会提高,学习热情也会得到激发,从而促进高校乒乓球运动的普及与发展。而如果学校领导不重视这门课程,那么学生的参与度就较低,乒乓球运动也难以在校园中迅速普及。调查发现,在校大学生中,上乒乓球必修课和选修课的学生所占比例较少,没有上过任何形式乒乓球课程的大学生占到学生总人数的一半以上,这反映出高校不重视乒乓球运动、乒乓球课程的开展形式缺乏合理性等现状与问题,最终导致高校乒乓球运动发展水平低,普及面狭窄。

三、高校乒乓球课外活动开展情况

乒乓球运动技能具有系统性、复杂性、多样性,要系统掌握复杂多样的乒乓球运动技能,就要长期坚持不懈地学习与练习,这是实现动作定型的基本条件。对高校大学生来说,只在体育课上接触乒乓球运动是很难熟练掌握乒乓球运动技能的,因为体育课的时间有限,一周安排的课次少,而且体育课上未必每次都是教乒乓球,所以在如此有限的时间内学生不可能进行大量的重复练习,不可能熟练掌握所有技术并加以强化。如果只靠体育课上的练习,那么大学生也就只能掌握乒乓球基本功,很难有更高水平的发展。鉴于这种情况,利用大学生的课余时间开发课外乒乓球活动就很有必要了。课外活动是课堂教学的有效拓展与延伸,能够帮助大学生提高对乒乓球运动的认知,使大学生的乒乓球运动水平得到有效的提高。

调查发现,参加课外乒乓球活动与训练的大学生非常少,绝大多数学生不参与课外训练。为比赛做准备是少部分学生参与课外乒乓球训练的主要原因,另外锻炼身体、丰富课余生活也是常见原因。而没有兴趣、学校体育设施条件不能满足学生需求、缺乏组织与引导是绝大多数学生不参与课外乒乓球训练活动的主要因素。

四、高校乒乓球比赛开展情况

乒乓球比赛是学校乒乓球活动的重要形式,通过高校乒乓球比赛的开展情况能够反映出高校乒乓球运动的普及与发展情况。乒乓球比赛不仅是专项技能的较量,也是体力、心理与智力的较量,举办高校乒乓球赛事有助于提高大学生的乒乓球水平,锻炼大学生的身体和心理素质,提高大学生的智力与思维能力,促进大学生全面发展,有助于促进乒乓球运动在高校的进一步普及与发展,有助于为促进教学交流和学术交流提供机会与平台。

调查发现,高校举办的乒乓球赛事较少,校内与校外赛事的举办情况都不容乐观,而且以学校为单位组建运动队参加地方或全国乒乓球赛事的高校也比较少,从参加比赛的学生运动员的表现来看,整体水平不是很高,参赛的学生比较固定,大部分学生没有参加过比较有规模的乒乓球比赛。这些都说明乒乓球运动在高校的开展还不够广泛,普及力度较弱。

第三节 高校乒乓球教学与课程建设现状分析

一、高校乒乓球教学现状

现阶段我国高校乒乓球教学中存在主要问题如下:

(一)教学理念有待更新

高校乒乓球教学存在各个方面的关系,如教与学的关系,普及与提高的关系,个体个性化教学与集体普及性教学的关系,教学与训练的关系,健康目标与技能目标的关系,等等。面对各种各样的关系,如何处理,处理是否妥当,直接影响高校乒乓球教学效果与教学的持续发展。目前而言,在我国高校乒乓球教学中这些关系并未得到妥善的处理。例如,高校乒乓球教师在乒乓球教学与训练中忽视了健康目标,忽视了培养大学生的终身体育意识与习惯,而一味注重培养与提升乒乓球技能。

多元化教育是现代高校体育教育的发展趋势,虽然部分体育教师意识到了树立多元化教育理念的重要性,但是由于探索与创新意识较为薄弱,理论素养较差,因此教学理念一直没有更新,甚至连起码的教学方法与模式创新都做不到，导致高校乒乓球教学未能真正将"健康第一""终身体育""素质教育"的教育理念落到实处。

（二）教学设施有待完善

乒乓球硬件设施条件不能满足教学需要、乒乓球训练和比赛需要以及广大乒乓球爱好者的需要，这是高校乒乓球运动发展中普遍存在的问题。虽然这个问题已经引起了学校领导的重视，学校也投入了资源来解决这个问题，但是整体情况依旧不乐观，具体表现在以下两方面：

（1）乒乓球场地设施有限，乒乓球运动场地、乒乓球桌、乒乓球拍的数量（少）和上乒乓球课学生的数量（多）比例严重失衡，学生上课的基本需求都得不到满足，有些学生甚至一节课都不能上桌打球。

（2）因为缺乏管理或管理不善的原因，高校乒乓球场地设施与器材陈旧、老化，严重磨损，使用寿命大大减少，甚至还存在安全问题，导致学生在乒乓球课上受伤。

（三）教学内容有待改进

乒乓球教学活动并不是只要学生对这项运动和这门课感兴趣就可以顺利开展的，在学生喜欢乒乓球运动，对乒乓球感兴趣的基础上还要看教学内容是否符合实际、是否能满足学生需求，如果不符合实际、不能满足学生需求，那么乒乓球教学活动依旧无法顺利开展。

大学生来自全国各地甚至国外，他们的实际情况有很大的差异，具体表现在健康水平、家庭背景、运动基础、体育认知等各个方面，这些差异决定了不同学生的乒乓球基础和技术水平也是有差异的，而乒乓球教学内容又是统一的，面向不同层次、不同基础大学生授课时，都是重复同样的内容，这就会造成基础好的学生需求得不到满足，而基础差的学生跟不上教学进度，所以不管对什么基础水平的学生来说，都不利于其进步与发展。

此外，在传统教育理念的影响下，高校乒乓球教学内容始终如一，或者换汤不换药，教师按部就班授课，学生被动听课，被灌输单调重复又老套的知识，没有体现出教学的差异性、层次性和针对性，这样的教学内容安排或许可以使学生应付考试，甚至取得不错的考试成绩，表面看起来乒乓球运动教学效果显著，但实际意义却不大，对广大高校学生的全面发展、共同进步没有起到实质性的促进作用。

(四)教师专业素质有待提高

高校乒乓球教学水平、教学质量、教学效果在很大程度上是由乒乓球教学活动的实施者也就是乒乓球授课教师所决定的。现代教育理念能否真正落实,丰富多彩的教学内容能否有效实施,多元新颖的教学方法能否充分发挥作用,都与教学实施者本身的教学能力有关。总之,高校乒乓球教师队伍是推动高校乒乓球运动发展的关键力量,因此要特别关注与重视这支队伍的专业教学素养。

目前来看,我国高校乒乓球教师的专业素质不太高,一些乒乓球授课教师非专业出身,而是作为一名普通的体育教师什么体育课都教,他们的学历水平、教学经验都比较欠缺,自己都没能系统、全面、深入地研究乒乓球运动的文化知识与技战术,不熟悉乒乓球教学体系,何谈培养大学生的乒乓球文化知识与技能素养。教师不专业严重影响学生的学习兴趣与激情,缺乏专业素养的教师难以在学生中树立权威,难以赢得学生的信任与敬仰,也很难获得学生的配合,最终导致乒乓球教学效果差。

(五)教学评价不合理

乒乓球教学评价是乒乓球教学体系中非常重要的组成部分,在整个乒乓球教学系统的运行中是非常关键的一个环节。乒乓球教学评价在各大高校一直都很受重视,但是高校实施乒乓球教学评价普遍以终结性评价为主,也就是重视学生在最后乒乓球考核中的成绩,而不注重过程性评价,忽视了学生在日常乒乓球教学中的学习态度与表现以及课后参与乒乓球运动的情况。

过分强调乒乓球考试结果而忽视乒乓球教学过程的教学评价终究是不科学的,是片面的,是不切实际的,是应试教育的表现。这种评价不足以让学生发现自己在学习中存在的问题,不能指导学生有针对性地解决自己的问题,弥补自己的缺陷,而且单纯靠分数来评价学生的优劣会对学生的自尊心和自信心造成打击,最终可能导致大学生对乒乓球学习失去信心,对乒乓球运动失去兴趣,一旦学习主体失去了学习兴趣,学习积极性严重下降,那么就难以取得令人满意的教学效果了。

二、高校乒乓球课程建设现状

当前,我国高校乒乓球课程建设与实施是"自上而下"的,是从上级到下级一步步落实的,整个过程都是有序进行的,但在这个有序推进与落实的过程中,学生的需求不被重视,对学生的学习要求不明确,对学生没有明显的期待,课程建设中忽视了学生的主体地位,导致学生不能完全认同、接受与理解课程内容与传达的知识信息,最终影响了课程实施的效果,也在实践论证中反映出课程设置是有问题的。

下述从课程目标、内容、实施以及评价四方面来分析我国高校乒乓球课程建设情况和存在的问题。

(一)乒乓球课程目标建设现状

在高校乒乓球课程建设中,关于课程目标的建设,主要存在目标不太明确的问题,具体表现如下。

(1)乒乓球教师与学生在健康目标的认识上并未达成一致,一些学生认为自己通过上乒乓球课锻炼了身体,体质得到了改善,但部分教师认为当前的乒乓球课程安排不足以促进学生全面健康发展。

(2)在乒乓球课程目标体系中,运动参与目标占重要地位,但目前关于这个教学目标的定位并不合理,主要是满足学生兴趣,定位层次显得不高,没有充分体现出乒乓球技能的特征与价值。

(3)大学生对乒乓球课程的内在认知以及其参与课程的积极性直接影响乒乓球课程参与目标的达成度。乒乓球教师在对学生关于参与目标的传达上也模糊不清,导致学生认识不清晰,对乒乓球运动参与度低,而且参与水平参差不齐。教师对教学目标的模糊传达是教师教学态度不端正的表现,这也是影响学生学习的一个重要因素。

(4)社会交往是大学生参与乒乓球运动的一个重要动机,他们希望通过上这门课程对提高他们的社交能力有帮助,但这并未受到教师的重视。

(二)乒乓球课程内容体系建设现状

总体来说,我国高校乒乓球课程建设中选择的教学内容比较片面、单一和保守,过度关注乒乓球运动技能的教学内容,甚至围绕这个核心来选择相关教学内容,没有考虑学生的认知水平,没有考虑健康目标。

下述从理论与实践两方面来探讨课程内容的问题。

1. 理论方面的问题

乒乓球课程理论方面的问题如下。

（1）理论课程安排与上级部门的相关规定不符，未达到上级要求。

（2）缺乏健身性与文化性相结合的理论内容，过分关注围绕乒乓球技能来传授理论知识。

（3）在理论内容的实施中采用的教学方法老套重复，导致理论课程实施效果不理想。

（4）理论课内容节点不符合学生的认知节点，二者之间缺少必要的联系与共性。

（5）学生对课程内容的学习缺乏正确认知，倾向于学习技巧类和竞技类的知识，而忽视了教育性、社会性的内容。

2. 实践方面的问题

在乒乓球课程实践内容的安排上，因为学生对乒乓球运动的认知水平较低，运动能力也有明显差异，所以很多高校将乒乓球基础技战术作为主要实践内容来重复讲解、示范，引导学生重复练习，缺乏层次性和丰富多元性，导致一些基础好的学生不满足实践课安排，基础差的学生在经过一段时间的练习，有了基本功后也渐渐厌倦了这种重复的教学。

(三) 乒乓球课程实施现状

乒乓球课程实施方面主要存在的问题是实施体系结构不符合学生认知水平，二者之间缺乏在节点上的对应关系。下面具体从教学方法、教学组织和教学控制三方面的实施情况来分析。

1. 教学方法实施

乒乓球课程实施中主要采用讲解法、示范法、练习法等传统教学方法，这些方法重复使用，没有融入新鲜的能吸引学生注意力的科技元素，导致学生学习兴趣不高，学习进度缓慢。

2. 教学组织实施

面向全体学生集中讲解、对学生进行分组练习是高校乒乓球课程组织的两种常见形式，总体而言形式单一，拘泥于常规，刻板老套，缺乏创新，也导致师生之间缺乏互动。

3. 教学过程控制

关于乒乓球课程教学过程控制的问题，教师与学生有不同的理解，教师严格控制，安排好每个环节，希望学生按部就班跟着节奏走，整个过程中缺少了兴趣与互动，氛围压抑，而学生希望教师给他们留下自由学练、发挥与讨论的时间与空间,希望教师尊重他们的个性化发展。

(四)乒乓球课程评价现状

高校乒乓球课程评价体系不够完善,具体问题表现如下。
(1)在对学生的评价中,课程评价规定、期末考核方法及评分机制设置得不够完善。
(2)教师在课上、课间对学生进行评价,但无法顾及每个学生。
(3)以教师评价为主,学生自评、互评等手段运用不多。

第二章　高校乒乓球课程教学理论体系优化

高校乒乓球课程教学理论体系包括乒乓球课程教学目标、教学理念、教学原则、教学环境、教学文件等组成部分，每个组成部分在整个教学体系中都占据重要地位，发挥着举足轻重的作用，各部分之间密切联系，相互影响，相互促进。科学建设与优化高校乒乓球课程教学理论体系，要从这些重要组成部分着手，逐一建设与优化，从而充分发挥各个组成部分的功能与作用，提高整个乒乓球课程教学理论体系的层次与水平，进而为高校乒乓球课程教学活动的开展提供有效指导。本章主要从乒乓球课程教学目标、教学理念、教学原则、教学环境及教学文件等五个方面着手来研究高校乒乓球课程教学理论体系的优化方法。

第一节　确定合适的乒乓球课程教学目标

确定乒乓球课程教学目标，要考虑不同学生的实际情况，要对不同水平的学生提出不同的教学目标，体现教学目标的层次性。本节将乒乓球课程教学目标划分为基本目标和发展目标两个层次，基本目标是面向大多数学生提出的目标，发展目标是在实现基本目标的基础上面向乒乓球技能水平较高、有特长优势的学生提出的较高层次的目标。不管是基本目标还是发展目标，在不同的目标领域有不同的表现，下述具体分析乒乓球课程教学在认知、身心健康、运动参与、运动技能以及社会适应等5个领域的目标内容。

一、乒乓球课程教学的基本目标

(一)认知领域的基本目标

认知领域的教学基本目标有6个级别，如图2-1所示。在乒乓球课程教学中面向多数学生提出的认知领域基本目标处于较低级别。

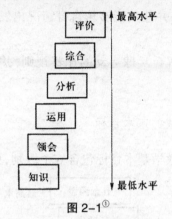

图 2-1[①]

大多数学生在乒乓球课程教学中要达到以下认知目标。

（1）使大学生认识与理解乒乓球基本理论知识。

（2）使大学生了解乒乓球运动的新知识与文化内涵。

（二）身心健康领域的基本目标

1. 身体健康目标

（1）使大学生作息规律，生活方式健康，行为习惯良好。

（2）使大学生能够进行健康自评。

2. 心理健康目标

（1）使大学生在乒乓球学练中体会到乐趣，心理得到放松。

（2）使大学生通过乒乓球学练调整心理状态，合理宣泄情绪，学习与生活态度更加乐观、积极。

（3）使大学生具有坚持不懈和克服困难的精神。

（三）运动参与领域的基本目标

（1）提高大学生的乒乓球认知水平，提高大学生在乒乓球学习中的积极主动性。

---

① 李启迪，邵伟德.体育教学基本理论研究[M].北京：北京师范大学出版社，2014.

（2）使大学生形成良好的乒乓球锻炼意识与行为习惯，提高其参与乒乓球活动的积极性，并使其能够从自身情况出发制定适合自己的锻炼处方。

（3）使大学生了解乒乓球运动的比赛规则，并能在乒乓球比赛中基本完成裁判工作。

（四）运动技能领域的基本目标

运动技能领域的教学基本目标包含6个级别，如图2-2所示。

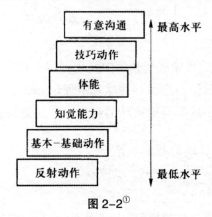

图 2-2[①]

在乒乓球课程教学中面向多数学生提出的运动技能领域的基本目标处于中低级别，体现在以下几方面。

（1）提高大学生的基本运动能力和乒乓球的一般与专项素质。

（2）使大学生对乒乓球基本技术和身体素质锻炼与提升方法有初步的掌握。

（3）使大学生了解在乒乓球运动中哪些运动损伤是比较容易发生的，并熟悉常见损伤的处理方式。

（五）社会适应领域的基本目标

（1）使大学生善于沟通交流，与同学保持友好关系。

（2）培养大学生的合作与竞争精神，使其学会对合作与竞争的关系进行正确处理。

---

① 李启迪，邵伟德.体育教学基本理论研究[M].北京：北京师范大学出版社，2014.

二、乒乓球课程教学的发展目标

（一）认知领域的发展目标

（1）提高大学生对乒乓球理论知识的认知水平,并能利用已学知识来提高自己的运动能力,将理论运用到实践中。

（2）使大学生掌握乒乓球运动的新动态、新政策。

（二）身心健康领域的发展目标

1. 身体健康目标

（1）使大学生的生活方式积极、健康。

（2）使大学生能够根据环境的变化进行适应性锻炼,全面提升身体素质。

（3）使大学生了解营养膳食结构,饮食健康。

2. 心理健康目标

（1）使大学生在乒乓球学习与练习中得到美好的体验与享受。

（2）使大学生自觉利用乒乓球运动调整心态,展现出青年人的朝气。

（3）使大学生的意志更加坚强,自信心得到提升。

（三）运动参与领域的发展目标

（1）使大学生树立并形成自主锻炼的意识与习惯,积极参加校内外形式多样的乒乓球活动,并在不断的实践中提高乒乓球审美能力。

（2）使大学生能够根据自身实际情况独立完成对乒乓球训练计划的设计。

（3）使大学生熟悉乒乓球比赛规则,并能在高水平乒乓球运动比赛中根据已掌握的乒乓球比赛规则独立完成裁判工作,提升大学生的裁判能力和比赛欣赏能力。

（四）运动技能领域的发展目标

（1）使大学生的乒乓球基本运动能力、专项运动能力得到提高,同时拥有良好的技术能力来参加比赛。

（2）使大学生掌握乒乓球技术原理、战术原理，促进其技战术水平的提升及在比赛中技战术运用能力的提升。

（3）使大学生对乒乓球运动中常见运动损伤的发生机理予以掌握，并能正确判断损伤类型、紧急处理运动损伤。

(五)社会适应领域的发展目标

（1）使大学生在乒乓球活动中主动结识朋友、帮助他人，提高社交能力。

（2）使大学生在乒乓球比赛中处理好合作与竞争关系，拥有良好的体育道德，展现出自己的体育精神。

第二节　坚持正确的乒乓球课程教学理念

一、健康第一理念

在时代不断进步、经济迅猛发展的今天，我国对人才的需求越来越迫切，对全面型人才的需求持续增加，因此高校教育在培养人才方面越来越注重全面发展。大学生作为国家的栋梁和民族的希望，承担着很大的学习压力和就业压力，他们的时间被学习、筹备工作占满，而没有多余的时间参加体育锻炼，最终造成了大学生体质健康水平逐渐下降的现状。很多普通高校对体育教育不太重视，对大学生体育活动的举办也没有给予足够的支持与鼓励，大学生的健康无法得到有效的保障。健康是奋斗的"本钱"，如果身心不健康，是没有精力奋斗的，最终也没有能力为祖国建设贡献力量。为了更好地培养全面型人才，推动国家现代化建设，高校要坚持"健康第一"的教学理念，在这一教学理念下制定乒乓球教学的政策与计划，加强乒乓球教学改革与创新，高度重视在乒乓球教学中对大学生健康体质的培养，为国家培养身心健康、专业突出、全面发展的栋梁之才。

二、人本教育理念

人本主义理论的核心思想是,以人性为中心来探讨技术性因素的发展,然后促进人与自然环境、社会环境的和谐发展。人本主义思想体现了对人性、个性的尊重,对促进人的全面发展具有重要意义。现在,人本主义理论受到了广泛的认可,在很多领域都融入了该理念,在这一思想的指导下开展工作,教育领域同样如此。将人本主义理念引进教育领域,将该理念的核心思想与教育的特征相结合,从而形成了人本教育理念。

人本教育理念的基本思想是,教育活动是围绕学生这个核心而展开的,应该将教学活动的中心定位在学生角色上,而不是教师,要围绕学生这个中心角色的兴趣爱好、个性需求而设置课程,实施教学过程,要根据不同学生的不同情况而进行区别化、个性化教学,要将所有学生的潜能充分激发出来,促进每个学生健康与发展。

总的来说,人本教育理念尊重人的本质属性,并由此出发通过科学教育来满足人的心理需求,实现人的个性化发展目标,促进人生命质量的提升,从一定程度上而言,这与全面发展的教育理念是非常契合的。

三、快乐教学理念

现代乒乓球教学如果缺少了乐趣,单纯严肃地讲解知识,传授技能,那么学生就会在漫长的枯燥的教学中失去兴趣,最终影响教学质量。可见,开发乒乓球教学中的趣味元素,将趣味元素融入乒乓球课堂,提高教学的趣味性非常重要。这就需要在乒乓球教学中坚持快乐教学理念,强调培养学生乒乓球兴趣和创造力的重要性,让学生的身体素质、乒乓球技能在充满趣味、轻松活泼的氛围中得到提升。

在高校乒乓球教学中树立快乐教学理念,要求乒乓球教师将原来运动教学中的一部分用情感教学替代,在培养学生健康体质、运动技能的同时注重学生人格的培养与健全,同时要使学生树立自觉学习、乐于学习的学习观,在乒乓球学习过程中享受乐趣,领悟奥妙。为了提高乒乓球教学的趣味性,吸引学生的学习兴趣,乒乓球教师还要重视对传统教学方法的改革,适当设计一些游戏教学方法来活跃课堂氛围。

四、终身体育理念

人们在任何时间和地点都能根据自身实际情况和现实需要而从事适宜的体育锻炼活动,这就是一般意义上的"终身体育"理念。终身体育包括学校体育、家庭体育、社会体育,这是从终身体育的构成空间上而言的,也有相应的构成人群,各个空间的所有人群都应该具备一定的锻炼能力,养成良好的锻炼习惯,这些都是终身体育的重要组成要素,如图2-3所示。

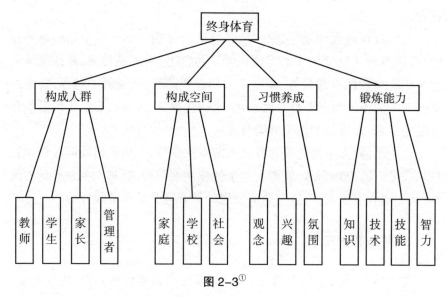

图2-3[①]

不管是学校体育、家庭体育,还是社会体育,都充分彰显了体育运动的重要价值,如强身健体、愉悦心理、陶冶情操、防治疾病、延年益寿、社会交往等。鉴于体育运动对人的一生都有重要意义,高校体育教学中必须坚持终身体育理念,构建终身体育教学体系,促进体育教育的深化与拓展。乒乓球教学是体育教学的重要内容,同样也要坚持终身体育理念,并在终身体育教学体系的指导下展开教学工作,使乒乓球运动伴随大学生的生活,为大学生的健康提供终身保障。需要说明的是,构建终身体育教学体系,要从观念、身体、课程和主体等方面着手展开,如图2-4所示。

---

① 黄丽秋.终身体育思想的形成及教学引领研究[D].长沙:湖南师范大学,2014.

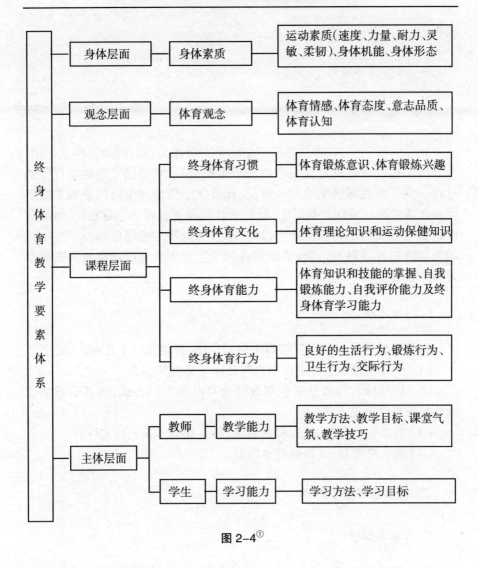

图 2-4[①]

第三节 严格遵循乒乓球课程教学原则

高校乒乓球课程教学要遵循体育教学的一般原则,如直观性原则、因材施教原则、普及与提高相结合原则、合理安排运动负荷原则等。除此之外,还要遵循一些特殊化的专项教学原则,本节重点对这类原则进行

---

① 黄丽秋.终身体育思想的形成及教学引领研究[D].长沙:湖南师范大学,2014.

阐析。

一、师生协同原则

（一）基本解析

乒乓球教学中,教师的教与学生的学密切相关,相互影响,相互作用,整个教学过程也可以看作是教师与学生频繁互动、协同完成教学任务的过程。鉴于乒乓球教学的这一特征,在教学中贯彻师生协同原则非常必要。在高校乒乓球课程教学中,既要承认与尊重教师的主导地位,也要高度重视与尊重学生的主体地位,乒乓球教师发挥的主导作用与学生主体的能动性相互促进与协调,要特别强调学生发挥主观能动性对提高教学效果的重要性。

（二）教学要求

在乒乓球课程教学中贯彻师生协同原则,要做到以下几点。
（1）乒乓球教师与教学对象之间要建立良好的关系。
（2）乒乓球教师要使学生掌握适合自己的学习方式,将其学习的主动性与积极性调动起来。
（3）教学生动有趣,氛围和谐活泼,师生互动体现出民主性。
（4）师生平等对话,提高互动质量。

二、精讲多练教学原则

（一）基本解析

高校乒乓球课程教学中,由于课时有限,所以贯彻精讲多练的原则能使学生在有限的课堂时间内掌握丰富的乒乓球知识和精细分化的乒乓球技术。

"精讲多练"中的"精讲"是对教师提出的要求,要求教师的语言讲解精确、简练、易懂且带有情感,使讲解的效率提高,这样省下的时间可以让学生多练习,这是"多练"。

（二）教学要求

乒乓球课程教学中贯彻精讲多练原则,可参考如下模式。

模式1（新教材）：
教师集中讲解和示范　　　　　　5～6min
学生练习
停止练习、集体讲解　　　　　　1～2min
学生练习
整队，集体讲解或分组讲解　　　3～5min
学生练习（与个别讲解相结合）
小结　　　　　　　　　　　　　2～3min
模式2（复习教材）：
教师集中讲解、提示要点　　　　3～5min
学生练习
停止练习、集体讲解　　　　　　1～2min
学生练习（与个别讲解相结合）
小结　　　　　　　　　　　　　2～3min[①]

教师的讲解方式非常多，如常见的有集体讲解、小组讲解和个别讲解，在乒乓球课程教学中要根据实际情况选择恰当的讲解方式，提高讲解的效率。学生练习的顺序一般是模仿动作→分解动作→完整动作。

三、启发创造原则

（一）基本解析

在高校乒乓球课程教学中，教师不仅要传授乒乓球知识与专项技能，培养学生的乒乓球理论与专项能力，还要开发学生的智力，培养学生的意志品质，丰富学生的情感，提升学生的创造力。要完成这些培养目标，就要贯彻启发创造原则，在教学过程中创设情境，设计问题，鼓励学生自主思考，独立或合作解决问题。这也是素质教育的要求。

（二）教学要求

在乒乓球课程教学中贯彻启发创造原则，要做到以下几点。
（1）将学生的学习动机和热情激发出来，培养学生探索与创新的积极性。

[①] 温娇.高校乒乓球运动教学创新与运动队建设研究[M].北京：中国原子能出版社，2019.

（2）将培养学生的思维能力作为教学目标之一。
（3）设置适宜的、能够启发学生自觉思考的问题情境。

四、理论联系实际原则

（一）基本解析

高校乒乓球课程教学不能只停留在课本的理论层面，还要结合学生实际情况、学校教学条件以及地方相关政策来开展教学工作，将理论与实际充分结合起来，提高乒乓球教学的实效性。

（二）教学要求

在乒乓球课程教学中贯彻理论联系实际原则，要做到以下几点。
（1）适当增加乒乓球理论课教学时数，培养学生的乒乓球理论知识素养。
（2）恰当联系学生和学校实际来实施教学内容，完成教学任务。
（3）在教学中培养学生将理论知识运用到实际中的意识与能力。

第四节　创设良好的乒乓球课程教学环境

一、高校乒乓球课程教学环境的现状

（一）乒乓球教学物质环境现状

高校不太重视体育教学，导致高校体育物质条件严重匮乏。乒乓球在高校不像篮球那样普及，所以受重视程度更低，高校乒乓球场地器材明显不足，难以满足教学需求，制约了乒乓球教学的顺利开展和教学目标的实现。

（二）乒乓球教学心理环境现状

乒乓球教学心理环境指的是学校的校风、教学氛围以及各方面的人际关系等，教学心理环境对教学效果的影响不亚于教学物质条件的影响。传统乒乓球教学模式因为缺少改革与创新，导致课堂教学氛围较差。一

些学生因为自身性格的原因,不愿意在乒乓球课上主动与同学和教师交流,人际关系不和谐,这些都对学生的身心健康造成了严重影响,也制约了乒乓球教学工作的开展。

二、高校乒乓球课程教学环境的优化创设

(一)乒乓球教学物质环境的优化

(1)国家和地方政府要提高对高校体育教育的重视,从财政与政策上支持高校体育的发展,解决高校体育教学中经费短缺、硬件条件差的问题。

(2)高校作为体育教育的主阵地,要对上级部门下拨的体育经费予以合理分配与使用,根据实际情况在乒乓球教学中投入一定数额的经费,改善高校乒乓球物质环境,修建专业场地,购置专门器材,并加强对硬件设施的维修与管理,提高利用率和使用寿命,满足学生的基本需求。另外,除了向上级部门争取教育经费外,高校还可以利用自身的教育资源优势来解决体育教育的经费问题,面向社会多渠道筹集经费,如向社会企事业单位提供体育服务或体育场馆,获取一定的报酬等。

(3)作为乒乓球运动场地与器材的使用主体,乒乓球教师与学生要自觉维护场地器材,科学使用,不得破坏与浪费。教师尽可能从现有乒乓球硬件条件入手安排教学,发挥现有硬件条件的作用,避免造成资源浪费。

(二)乒乓球教学心理环境的优化

优化乒乓球教学心理环境要从以下几方面入手。

(1)高校应重视建设与完善体育教学制度,促进大学生思想意识的提升,为和谐人际关系的形成提供良好的环境,巩固师生关系。和谐关系的形成对大学生来说可以提高参与乒乓球课堂教学的兴趣与积极性,新型师生关系的建立还有助于促进乒乓球课堂氛围的改善,使师生在轻松愉快的氛围中共同享受乒乓球运动带来的喜悦。

(2)高校应特别关注与重视内部环境建设,促进内部环境建设与外部环境建设的相互补充,利用外部优势环境资源落实学校精神文明建设,形成鼓舞学生的良好校风。

(3)高校是最接近社会环境的教育单位,很容易受到社会风气的影响,所以要自觉利用良好的社会风气来推动内部环境建设,发挥社会因素

在高校乒乓球教学心理环境建设中的积极作用,同时也要自觉抵制不良社会风气的侵蚀,主动屏蔽不良社会信息,防止乒乓球教学心理环境受到不良因素的污染。

(三)加强校园乒乓球文化建设

在高校乒乓球教学环境的创建与优化中,还要重视对校园乒乓球文化的科学建设,将校园乒乓球文化与乒乓球教学活动结合起来,将文化要素融入教学中,从而提高大学生的乒乓球文化素养,使其更加深刻地领悟乒乓球运动的精神魅力。为创造良好的校园乒乓球文化环境,高校应做好以下几项工作。

(1)开展丰富多彩的校园乒乓球活动,鼓励学生参与,在活动中渗透乒乓球文化因素,形成良好的运动氛围。

(2)成立校园乒乓球俱乐部或社团,传播乒乓球文化,宣传乒乓球锻炼方法,使学生随处感受到乒乓球文化的魅力。

第五节 制定完善的乒乓球课程教学文件

一、乒乓球教学大纲的制定

乒乓球教学大纲指的是依据乒乓球教学计划中的教学任务和教学时数,具体规定乒乓球教学内容、不同内容的教学时数以及考核办法的文件。① 乒乓球教学大纲主要应包括以下几项内容。

(1)说明部分:简要说明乒乓球课的教学目的、教学任务、教学内容范围及选择依据,安排乒乓球教学进度,提出选用教学方法的建议等。

(2)基本部分:列出乒乓球课程的教学内容、教学要点、教学课时、课后作业、考核要求等。

(3)结束部分:列出教材和参考文献。

制定乒乓球教学大纲应要注意以下事项。

(1)依据教学要求明确乒乓球教学目标、任务和内容。

(2)依据教学任务和课时安排确定具体教学内容,内容要科学、系统,要包括理论内容、实践内容。

---

① 姜涛.乒乓球教育[M].长春:吉林大学出版社,2010.

第二章　高校乒乓球课程教学理论体系优化

（3）针对不同教学内容安排教学时数，注重合理搭配和比例适宜。

（4）将乒乓球基本理论、基本技术和基本技能列为主要考核内容。

高校乒乓球课程大纲示例见表2-1。

表2-1　乒乓球课程教学大纲示例[①]

课程编号：
课程名称：乒乓球
课程类型：公共基础必修课
学时数：36
总学分：2
适合对象：大一学生
1. 课程性质、目的和任务：
2. 教学要求：
3. 教学内容与学时分配

类别	授课内容	学时
理论部分	基本理论	2
实践部分	基本技术、组合技术、教学比赛	28
考核	理论、技术	4
机动		2

4. 考核内容、方法和标准
5. 教材和教学参考书

二、乒乓球教学进度的制定

乒乓球教学进度是指按照要求在每次课中有序分配教学大纲中教学内容和教学时数的教学文件。[②]制定乒乓球教学进度要注意以下几个要点。

（1）依据教学目标和教学要求全面安排教学内容。

（2）合理分配基本理论、基本技术和基本技能等教学内容的教学时数和课次，突出教学重点。

（3）循序渐进安排教学进度，保持乒乓球技战术自身的系统性，科学搭配教材，关注教材间的联系。

（4）依据不同阶段的教学任务与要求来综合安排乒乓球理论课、教法课、实践课。

（5）从学生实际情况、学校办学条件等实际出发安排教学进度。

---

①② 姜涛. 乒乓球教育[M]. 长春：吉林大学出版社，2010.

(6)每次课的运动负荷适宜,注意不同强度的合理搭配。

(7)体现课内外与校内外的一体化教学模式。

教学进度的常用格式见表2-2,这一格式可以运用到乒乓球教学进度制定中,并根据实际情况灵活增加或删减。

表2-2 教学进度的格式[①]

课程名称				学 期		
授课班级						
教研室		授课教师			授课周数	
教材					学时数	
周次	课次	学时	教学形式	教学内容		备注

高校乒乓球课程教学进度示例见表2-3。

表2-3 乒乓球课程教学进度示例[②]

周次	学时	授课形式	教学内容
1	2	理论	1. 乒乓球发展史 2. 乒乓球基本理论
2	2	实践	1. 熟悉球性 2. 学习站位、握拍动作方法及准备姿势 3. 学习反手推挡球技术动作
3	2	实践	1. 推挡 2. 学习步法 3. 学习反手发平击球技术动作
4	2	实践	1. 推挡 2. 学习步法 3. 学习正手发平击球技术动作
5	2	实践	1. 推挡 2. 学习步法 3. 学习正手攻球技术动作
6	2	实践	1. 练习步法 2. 推挡 3. 练习正手攻球

①② 姜涛.乒乓球教育[M].长春:吉林大学出版社,2010.

续表

周次	学时	授课形式	教学内容
7	2	实践	1. 练习推挡、攻球 2. 素质练习
8	2	实践	1. 学习左推右攻技术动作 2. 素质练习
9	2	实践	1. 练习推、攻技术 2. 素质练习
10	2	实践	1. 学习步法 2. 学习推挡侧身攻技术动作
11	2	实践	1. 练习推、攻组合技术 2. 素质练习
12	2	实践	1. 学习步法 2. 学习推挡侧身扑右技术动作
13	2	实践	1. 练习全台攻组合 2. 素质练习
14	2	实践	1. 介绍推挡球变化技术 2. 素质练习
15	2	实践	1. 组织教学比赛,检验推、攻技术掌握情况 2. 素质练习
16	2	考核	理论考试
17	2	考核	技术考试
18	2	机动	机动

三、乒乓球教案的制定

乒乓球教案是乒乓球教师依据教学进度而编写的课时计划,这是教师上课的主要参考。乒乓球教案中应包括本次课的教学内容、教学任务、教学要求、教学方法、组织形式等内容。编写乒乓球教案应从以下几方面进行。

(一)了解学生

了解学生的乒乓球基础、个性特征、身体条件、智力水平。

（二）钻研教材

研究教学大纲，掌握教材内容的范围和深度，明确教材内容的重难点。

（三）考虑教法

考虑如何组织教材、如何安排每节课的活动、如何将教学方法与练习方法运用到课堂中。教学方法要丰富新颖，避免单一老套。

（四）确定课的任务

确定课的任务，任务应正确、全面、具体。

任务正确主要表现为符合教学进度的要求和学生的实际，确保学生通过坚持不懈的努力可以达成，并区别对待基础好和基础差的学生。任务全面是指要包括提高学生身体素质的任务、提高学生技战术能力的任务、提高学生思想道德水平的任务等。任务具体也就是要明确，不能抽象有歧义，不能造成误解，要使人一目了然。[①]

只有做到任务的正确、全面、具体，才能更好地安排组织教法与运动负荷。

（五）安排课的基本结构

乒乓球课的基本结构由准备部分、基本部分和结束部分组成。

高校乒乓球课的教案示例见表2-4。

表2-4 乒乓球课程的教案示例[②]

课程名称	乒乓球教育	周　次	
课程类别	必修课	课　次	
授课教师		授课时间	
授课班级			
授课教材	学习反手推（拨）技术		
教学目标	1.学习：使学生掌握反手推（拨）技术动作 2.提高：通过反手技术练习，提高反手推（拨）技术动作规范性及连续性 3.情感目标：培养学生协作精神		

[①][②] 姜涛.乒乓球教育[M].长春：吉林大学出版社，2010.

续表

重点与难点	课的类型	技术课	教法课	锻炼课	实习课	考核课	综合课
重点:反手推(拨)技术击球数量连续性		√					
难点:反手推(拨)技术动作规范性	培养学生能力	教学能力	裁判能力	指导能力	操作能力	创新能力	
					√		

部分	时间	项目教育内容	教法与指导	学法与组织
准备部分	15min	一、课堂常规 1. 班长整队,师生问好 2. 班长报告学生人数 3. 宣布本次课的任务 4. 安排见习生 二、准备活动 1. 绕场地慢跑两圈 2. 滑步、交叉步练习 3. 行进间徒手操练习 三、游戏 游戏名称:托球往返跑 游戏目的: 1. 提高学生的学习积极性 2. 培养球感	一、要求 气氛活跃、认真练习 二、游戏方法 　　将队伍分成两组。每组学生从排头开始依次开始用球拍把球托住跑向对面终点处并按原路返回,把球交给下名同学,依次进行下去	
基本部分	70min	一、学习反手推球 1. 特点与作用 2. 力学原理 3. 要领 4. 动作要领 二、三人一组进行反手推拨练习 三、复习正手攻球 (3人一组进行对攻)	一、教法 1. 学习动作教师示范、讲解 2. 学生徒手模仿练习 3. 学生上台练习 4. 集中纠正错误 5. 学生练习 二、教师提出注意事项 三、教师提出要求 1. 注意击球连续性 2. 注意动作规范性	一、讲解、示范队形 二、分组上台练习

续表

| 结束部分 | 5min | 一、班长整队
二、课的小结
三、下课 | 学生进行整理活动 | |

场地与器材	课后小结
乒乓球馆,乒乓球,乒乓球拍,乒乓球台	

第三章　高校乒乓球课程内容资源的挖掘与优化

高校乒乓球课程的优化与完善,涉及课程的方方面面,其中,教学内容是非常重要的组成部分。对于高校乒乓球课程来说,教学内容的完善程度以及科学、合理程度,都会影响到其整体的发展与优化效果,因此,深入分析和研究高校乒乓球课程内容,并对这方面的资源进行进一步的挖掘,使其更加完善和优化,是非常重要且必要的。本章主要对高校乒乓球课程教学内容的构成、选择与应用,以及相关资源的开发与发展对策进行分析和研究。

第一节　高校乒乓球课程教学内容构成

一、乒乓球运动概述

乒乓球运动是由两名或两对选手分别站在球台的两端,在球台中间隔放一个球网的球台上,用手中的球拍,把对方打过来的球还击给对方,这样反复地打来打去的一项运动。其特点是:球速快,变化多;运动量可大可小,适合不同年龄、性别和身体条件的人参加。

乒乓球运动的起源与网球有着密切的关系,乒乓球运动英文名为 Table Tennis,即桌上网球。乒乓球运动在 19 世纪末起源于英国,流行于欧洲。

据资料记载,大约在 19 世纪后半叶,由于受到网球运动的启示,在一些英国大学生中,流行着一种与现在乒乓球运动极为相似的室内游戏,发球时,可把球直接发到对方台面,亦可把球先发到本方台面再跳至对方台面。球拍是空心的,用羊皮纸贴成,形状为长柄椭圆形。为不损坏室内的家具,在橡胶或软木实心球之外,往往包一层轻而结实的毛线。虽然打起来不十分激烈,但非常有乐趣。这可能就是乒乓球运动的雏形。

1890年,英国有位名叫詹姆斯·吉布(James Gibb)的越野跑运动员到美国旅行时,偶然发现了一种用赛璐珞制成的空心玩具球,弹跳力很强。于是,他就将这种球稍加改进后,逐步在英国和世界各地推广开来。也许因为此球在桌上发出"乒乒乓乓"的声音的缘故,英国一家体育用品公司首先用"乒乓"一词作了广告上的名称。乒乓球由此得名。

二、乒乓球场地器材

(一)球台

球台是与水平面平行的长方形,其规格为:长2.74m、宽1.525m、离地面76cm。球台四边应有一条2cm宽的白线。双打时,各台区应由一条3mm宽的白色中线划分为两个相等的"半区"。

(二)球

球通常为黄色(或白色),直径为40mm,重2.7g,制作材料为赛璐珞或类似的塑料。

(三)球拍

球拍的大小、形状或重量没有特殊要求,底板中天然木料厚度至少占底板厚度的85%,加强底板的黏合层可用诸如碳纤维、玻璃纤维或压缩纸等纤维材料,每层黏合层不超过底板总厚度的7.5%或不超过0.35mm。用来击球的拍面应用一层颗粒向外的普通颗粒胶覆盖,连同黏合剂厚度不超过2mm;或用颗粒向内或向外的海绵胶覆盖,连同黏合剂,厚度不超过4mm。

三、乒乓球基本技能

(一)乒乓球基本技术

作为某项运动的最主要的技术,基本运动技术是某项运动进行的前提,某项运动的进行需要以基本的运动技术的掌握为基础。参与乒乓球运动,首先就是要把基本技术练扎实。

1. 握拍法

乒乓球的握拍基本方法主要分两种,即直拍握拍法和横拍握拍法。每种握拍方法都有其各自的特点,比如,直拍握法手指运用较灵活,在发球变化、处理台内球和追身球方面较横拍握法容易;横拍握法控球范围大,稳定性比直拍好。目前多数横握球拍的运动员均采用浅握法。

2. 站位与基本姿势

站位的正确,对于保持稳定的击球姿势是有利的;而合理的准备姿势,对于发挥身体各部位的协调性是有利的,并且方便快速移动,可以提高反应速度和击球的命中率。

3. 基本步法

在乒乓球运动中,步法是关系到其技术水平和乒乓球自身发展的重要因素。没有灵活的步法,就不可能有效地回击来球,有效的手法也无法得以使用。步法是乒乓球击球环节中的一个重要组成部分,对于学生来说,这也是其必须要掌握的专业技能。随着乒乓球技术的快速发展,步法不仅是能及时准确地使用与衔接各项技术动作的枢纽,还是执行各项战术的有力保证。

乒乓球的基本步法有很多,比如常见的单步、并步、跨步、跳步、垫步、侧身步、交叉步、小碎步等,可以根据不同的标准进行区分。比如,按照移动范围,可以分为大、中、小三种范围;按照移动方向,有向前、向后、向左、向右、斜前方、斜后方等;按照移动形式,有平动、滑动、跳动等。

4. 发球与接发球

发球是乒乓球比赛的开始,也是连接整个乒乓球技术、战术的重要环节,在比赛中对于扬己之长、攻彼之短均有着技术和战术上的意义。我国乒乓球的强项技术之一就是发球。

发球之后就是接发球。良好的接发球技术,可以直接得分,也可以破坏和限制对方的抢攻,为自己的进攻创造有利条件;反之,在比赛中就会造成被动,导致心理上的紧张和畏惧,引起失误。因此,接发球技术水平也至关重要。

5. 挡球和推挡球

挡球对于乒乓球的初学者来说,是首先要去掌握的一项重要技术。推挡的主要特点是站位近,动作小,球速快。如果能将推挡技术在乒乓球比赛中运用好,那么通常能将近台快攻的作用充分发挥出来,直接得分。

6. 攻球

攻球技术的主要特点是力量大、速度快、落点变化多。攻球技术在很多打法中都是非常重要的一项技术。攻球技术种类繁多,可以按照击球位置和站位分为正手攻球、反手攻球和侧身攻球,可以按照站位的远近分为近台攻球、中台攻球和远台攻球,也可以按照来球性质和落点分为拉攻、攻打弧圈球、台内攻球和杀高球,还可以按照击球力量分为发力攻球和借力攻球等。

7. 弧圈球

弧圈球是一项典型的进攻技术,其主要特点为:具有强烈的上旋,攻击力强、威力大。通常可以将弧圈球技术分为正手弧圈球技术和反手弧圈球技术,也可以按照弧圈球技术的旋转特征分为加转弧圈球、前冲弧圈球和侧旋弧圈球。

8. 搓球

搓球的主要特点是力量小、速度慢、旋转和落点变化多、线路短,球弹起后多在台内,缺乏前进力,对方不易发力进攻,故可作为过渡技术,以等待、寻找或创造进攻机会。搓球技术通常有正手搓球和反手搓球之分,也有快搓和慢搓之分。

9. 削球

削球的主要特点是:稳健性好、保险系数大、以柔克刚。削球通常有正削球、反削球之分。

(二)乒乓球基本战术

所谓的战术,是乒乓球比赛中,为扬长避短以争取胜利而有目的地使用各种技术的方法。可以说,战术水平取决于技术水平。技术是战术的基础。乒乓球有单打和双打两种形式,战术也是如此。

1. 单打战术

(1)发球抢攻战术。我国乒乓球的杀手锏是直板快攻,而发球抢攻则是直板快攻打法的"杀手锏",其主要作用是力争主动、先发制人。发球抢攻战术运用效果如何,决定性因素有两个:一个是发球的质量,一个是第三板进攻的能力。速度快、突发性强,是发球抢攻战术的主要特点。常见的发球抢攻战术的具体打法有:正手发转与不转球后抢攻;侧身用正手(以右手执拍为例)发高、低抛左侧上、下旋球后抢攻;反手发急上、下旋球后抢攻或抢推;反手(以右手发球为例)发右侧上、下旋球后抢攻;下蹲发球后抢攻。

(2)对攻战术。对攻战术主要应用于双方的相持阶段,属于一种进攻型打法。快攻类打法的主要特点是,依靠反手推挡(或反手攻球)和正手攻球(或正手拉弧圈球)的技术,将快速多变的特点充分发挥出来调动对方。双方用速度、力量、旋转、落点以及节奏转换的变化,相互控制或在对攻中拼实力,以争得主动。常见的对攻战术形式主要有攻两角战术、攻追身战术和轻重球结合战术。

(3)拉攻战术。拉攻战术主要在快攻类打法中用来对付削球类打法。要将这一战术效果充分发挥出来,要做到以下要求:第一,拉球的基本功要扎实,要拉得稳,有落点、旋转及力量的变化;第二,必须拉中有突击或拉中结合冲,有连续扣杀和前冲的能力。常用的拉攻战术形式有:稳拉为主,伺机突击;变化拉球旋转,伺机扣杀;拉斜杀直或拉直杀斜;拉、搓、拱结合,伺机突击;拉中路杀两角或拉两角杀中路等。

(4)接发球战术。高水平的接发球战术能破坏发球者的抢攻意图或者为他制造障碍,减弱对方抢攻的质量,使其由主动变为被动。多变化接发球的落点、旋转、速度,所产生的战术效果会更加显著。常见的接发球战术有:接发球抢攻战术;快搓、短摆战术;用"快点"回击各种侧旋、上旋或不转的短球,伺机进攻,尽可能争取主动等。

(5)搓攻战术。搓攻是利用快、慢搓球为过渡性手段,经过搓球的旋转、速度、落点变化,控制、组织、制造机会,进行突击扣杀,拉、冲弧圈球,是初学者经常运用的战术。常用的搓攻战术有:搓球转快攻;快搓、摆短为主,结合搓长球至对方反手,伺机抢攻;先搓对方反手大角,再变直线,伺机反攻;搓转与不转结合落点变化,伺机抢攻。

(6)削、攻结合战术。这一战术主要应用于削、攻结合打法,具体来说,就是以削球旋转的变化来牵制并控制对方,同时为进攻创造有利机会。常见的战术形式有:削转与不转伺机反攻;削、攻结合;削两角,伺机反攻;削长、短球伺机反攻。

2. 双打战术

双打战术就是两人在乒乓球比赛中合作共同运用相关战术。单打战术强调的是个人的技战术水平,而双打战术则强调的是两个人的团结合作,互相配合,互相鼓励,互相谅解,互相信任。

双打并不是两个人单打的相加,两人如果配合得好,双打效果会是

1+1＞2；如果配合不好，则会起到限制总体水平的效果。因此，双打战术的运用需要根据两位选手的风格、技术特点来确定，尽量充分发挥配对者各自的优势与特长。常见的双打战术有：发球抢攻；接发球抢攻；控制强者、攻击弱者；攻正手、打空当；紧压一角、突袭空当或追身中路等。

四、体育道德与礼仪知识

（一）体育道德知识

体育道德，就是体育范围内形成的稳定的道德观念、行为规范的总称。对体育活动内部人与人、人与社会之间各种关系进行调整，是其主要作用。可以说，体育道德是社会主义精神文明建设的重要内容。

高校乒乓球课程教学中，也要对这些基本的体育道德有充分的了解与掌握。体育道德包含的内容有以下几点。

1. 公平

人生来是平等的，这也就赋予了人与人之间"公平竞争"的权利，这在包含乒乓球运动的体育运动中也是适用的。

2. 诚信

诚信的培养和弘扬，是各个学校都要强调的一个重要教学内容，是学校的重要职责。在高校乒乓球课程教学过程中，教师要为学生做好诚信的表率，从而潜移默化地影响学生。

3. 友爱

在高校乒乓球活动和比赛中，学校要大力提倡以文明礼貌、助人为乐、互助互爱为主要内容的社会公德，这就将体育运动中的友爱这一道德充分体现了出来。在高校乒乓球课程教学活动或比赛中要形成平等友爱、融洽相处、共同前进的氛围和人际环境。

4. 善学

"善学"就是"学会学习"，具体来说，就是在获得必要的基础知识、基本技能的同时，掌握有效的学习方法和策略，具有自我调控学习过程的能力。在高校乒乓球课程教学中，帮助学生"学会"并指导他们"会学"，是教师的重要职责。

5. 礼貌

培养学生文明礼貌,也是学校体育教育的重要内容,这在高校乒乓球课程教学中也是要重点关注的方面。无论是古代还是现代,重要的礼节、礼仪仪式在体育活动比赛中都会有,由此,可以将体育中的礼貌理解为是社会礼貌、礼仪的浓缩。

(二)体育礼仪知识

体育礼仪所强调的是内在的有价值的思想、作风和意识。从精神层面上来说,体育礼仪的意义要远远高于体育竞技本身,其不仅能将体育职业精神和职业道德反映出来,同时也能将一个国家、一个民族、一个团体和一个人的文明程度反映出来。

相较于其他的活动礼仪来说,体育礼仪尤其特殊,这是由体育运动的特殊性决定的。总的来说,现代体育礼仪主要包括以下三方面。

(1)在一定场合举行的体育仪式,如开幕仪式、颁奖仪式、闭幕仪式等。

(2)体育活动人员在体育活动中应该具有的仪容仪表、行为举止、服饰、语言及礼貌礼节上的礼仪规范。

(3)能够形象地体现体育活动的价值取向和文化内涵的各类体育知识。

五、乒乓球的赛事欣赏

(一)乒乓球运动观赏的意义

1. 有效排解工作和学习压力

在当前这个工作和学习压力较大的社会,欣赏乒乓球运动能使这些压力得到有效缓解。在欣赏的过程中,心情得到舒缓,情感和真我得到释放。工作、生活、学习中产生的种种压力和不快一扫而光。

2. 提高观赏水平的同时陶冶情操

乒乓球竞赛的过程是公平、公开的。在观赏乒乓球比赛的过程中,要树立正确的体育欣赏观。不断提高自身的欣赏能力,自觉抵制不良行为,学会遵守规则、恪守道德、尊重裁判,在观赏比赛的过程中得到美的享受,从中陶冶情操。

3. 在充分感受竞争的同时提升自身竞争意识

竞赛的过程实际上就是竞争的过程。在欣赏乒乓球比赛的过程中，首先能对参赛的乒乓球运动员的奋力拼搏有充分的体会，在感同身受中提升自身的竞争意识。

4. 促进观赏过程中的情感交流

情感是人们对客观事物的需要与人的内在需要之间关系的反映。这种欣赏过程中建立在精神关系上的情感属于高级情感。在乒乓球比赛中，可以随着比赛的推进，对所喜爱的运动员进行情感和情绪上的共鸣，或高兴，或惋惜。这些主观上的情感体验，都是高级情感的具体表现。但是，需要注意的是，在欣赏过程中，情感的发展要有一定的节制。

（二）乒乓球运动观赏的内容

1. 赛前了解出场人员的基本情况

在观看一场比赛之前，首先要对参赛的队伍以及运动员、教练员等有所了解，这是一个球迷或者观赛者的基本素养。进一步地，还可以对参赛队员的打法、世界排名、目前比赛成绩、本人比赛目标等有所了解和掌握。

2. 了解出场布阵，看懂其中玄机

团体赛中讲究排兵布阵，这也是每个参赛单位最看重的事情。其主要原因是团体比赛代表了团队的整体水平，尤其是在世界比赛中，团体赛代表了一个国家的乒乓球实力。因此在赛前教练员们会根据对手的情况慎重讨论，研究出场的先后顺序等比赛中的战略问题，有的会进行正常排序（见图3-1），有的参赛队想出奇制胜，就会违背常规，通常把这种排序叫"反排"（见图3-2～图3-6）。

```
A - - -X…2号      A - - - - -X…1号      A - - - - -X…3号
B - - -Y…1号      B - - - - -Y…2号      B - - - - -Y…1号
C - - -Z…3号      C - - - - -Z…3号      C - - - - -Z…2号
A - - -Y…1号      A - - - - -Y…2号      A - - - - -Y…1号
B - - -X…2号      B - - - - -X…1号      B - - - - -X…3号

   图3-1              图3-2                  图3-3
```

```
A - - -X…1号      A - - - - - -X…2号      A - - - - - -X…3号
B - -Y…3号        B - - - - - -Y…3号      B - - - - - -Y…2号
C - - -Z…2号      C - - - - - -Z…1号      C - - - - - -Z…1号
A - -Y…3号        A - - - - - -Y…3号      A - - - - - -Y…2号
B - - -X…1号      B - - - - - -X…2号      B - - - - - -X…3号
```

图 3-4   图 3-5   图 3-6

3. 对打法特点加以了解,更能体验其中乐趣

乒乓球的打法多种多样,有近台快攻、直拍横打、拉攻结合、削中反攻等,但不管是哪种打法,都有其看点。

4. 双打欣赏

在乒乓球比赛的七个项目中,双打就占有三项,它包括男子双打、女子双打和混合双打。在奥运会上设立的四项乒乓球比赛中,双打又占了两项,即男子双打和女子双打。由此可见双打在乒乓球运动中的重要地位。

双打比赛中的看点主要有双打配对的组成、双打的特点(配对要合理)和前后站位这几个方面。

第二节 高校乒乓球课程教学内容的选择与应用

一、高校乒乓球课程教学内容的选择

(一)高校乒乓球课程教学内容的选择依据

1. 要体现出"目标引领内容"的思想

在高校乒乓球课程教学过程中,首先要将教学目标确定下来,以此为依据,来为教师教学活动的开展提供科学的指导,比如,分析教材、定教学内容,提升学生的乒乓球专业技能,从而使学生的健康水平和身心都得到发展和提高。所选的教学内容应能完成高校乒乓球课程教学目标,而且应是健康的、有教育意义的、文明的和有身体锻炼价值的。

2. 要安全且符合学生发展特点

在选择高校乒乓球课程教学内容时,要求对学生的乒乓球运动基础、身心特征、心理发展特点和体能发展敏感期进行充分的分析,提升教学内容的针对性。同时,还要保证所选择的教学内容在教学过程中是安全的。

3. 与教学实际条件相适合

在选用高校乒乓球课程教学内容时,一定要对学校所处的地理位置特点与区域差异、教师能力、场地与设施条件、季节、气候、学生实际等具体情况进行充分考虑,从而保证所选择的教学内容能够因时、因地、因校制宜地顺利开展,并保证取得理想的教学效果。

4. 实用性和趣味性相结合

在选择高校乒乓球课程教学内容时,一定要将锻炼的实际效果和实用性作为关注的重要方面,从而使学生身体锻炼得以顺利进行,学生体质得到显著增强,同时还要重视学生的学习兴趣。在安排高校乒乓球课程教学内容时,则要做到尽量使实用性强的内容反复出现,并逐步提高要求。总的来说,所要选用的高校乒乓球课程教学内容,应该是学生广泛感兴趣并能从中体验到运动乐趣的内容,使实用性和趣味性相结合,不致偏废。

(二)高校乒乓球课程教学内容的选择方法

在选择高校乒乓球课程教学内容时,确定下来教学目标之后,就需要以此为指导来进行下一步,即确定要用的选择方法,具体可以有以下几方面。

1. 学习领会

(1)要学习领会的内容主要包括高校乒乓球课程标准和相关教科书的要求与规定以及高校乒乓球课程教学内容的划分理论。

(2)要将所有已经从高校乒乓球课程教学素材中选出的可供选择进入高校乒乓球课程教学的内容罗列出来。

2. 调查

(1)对包括教师和学生在内的对象进行调查。调查内容包括教师的乒乓球专项水平、技能面、教学经验等,学生的乒乓球运动基础、身体基本活动能力、身体素质等。

(2)要将与教师和学生的实际情况相符的高校乒乓球课程教学内容按照程度分别排列。

第三章　高校乒乓球课程内容资源的挖掘与优化

3. 再加工

再加工就是以学生的生理与心理特点、场地器材条件、地区差异、气候特点等为依据来对排列的高校乒乓球课程教学内容进行分类,具体来说,就是将适合精教、简教、锻炼、介绍的教学内容分别确定下来。

4. 教学内容修整

在实际的教学过程当中,要以场地器材数量、班级数量、学生数量、教师数量等对高校乒乓球课程教学内容进行适当的调整,最终将适合本校、教师、学生、教学实际情况的精教、简教、锻炼、介绍类教学内容的项目数量确定下来。

(三)高校乒乓球课程教学内容的选择过程

1. 认真审视高校乒乓球课程教学内容

在选择高校乒乓球课程教学内容方面,要在关注社会的同时,以社会的科学、教育、生产、生活等具体发展实际为出发点,充分考虑社会发展的影响力,尤其是在健康方面的影响和提出的要求,并将此作为基本点来合理地分析和评价现有的高校乒乓球课程教学素材。对现有的乒乓球课程教学素材进行分析和评估,主要涉及这些教学内容对于增进学生健康,培养良好的思想品质是否有利。除此之外,还要看所选择的高校乒乓球课程教学内容与教育的具体要求是否相符,同时还要将那些不利于学生身心健康发展的素材摒弃掉。

2. 充分整合乒乓球运动

关于高校乒乓球课程教学内容,其在选择方面也至关重要,这也就要求根据高校乒乓球课程教学的具体目标,认真分析乒乓球运动对学生身心发展的促进作用,然后对乒乓球运动和身体练习进行进一步的合并和整理,并将其作为高校乒乓球课程教学内容的基本素材。

二、高校乒乓球课程教学内容的应用

(一)高校乒乓球课程教学内容的加工

为了使教学内容与体育教学目的和要求更加相符,就需要对高校乒乓球课程教学内容进行加工,这是常规化的一种操作,具体的加工方式有很多种,其中,教材化方法是一种典型方法。

教材化的方法也有很多种,其中,较为典型的有以下这些。

1. 动作教育的教材化方法

动作教育是一种体育教育思想和体育教材方法论,它在欧美出现。将一些竞技体育运动按照人体的运动原理进行归类,并提出针对少年的教材设计是其特点。这种教材化方法对学生基本活动能力的形成非常有利。

2. 游戏化的教材化方法

游戏化的教材化方法,就是以游戏的形式将教学内容表现出来的一种形式。在高校乒乓球课程教学内容的加工方面采用这种教材化的方法,能够有效提升学生的学习兴趣,同时,也不会对练习的性质产生影响并使其发生改变,但是,在练习的效果上却能起到增强的作用。

3. 理性化的教材化方法

理性化的教材化方法,实际上就是使学生对乒乓球运动原理有一定的了解与理解,从而达到"懂与会结合"的效果。同时,还进一步深层次挖掘乒乓球运动的原理和知识。通常来说,这种教材化方法的运用并不是单独进行的,而是经常结合发现式、启发式的教学方法来进行的。

4. 运动处方式教材化方法

这种教材化方法以遵循锻炼的原理为基础,对运动的强度、重复次数、速率等因素进行了组合排列,并以学生不同的锻炼身体的需要为根据,组成处方来进行锻炼和教学。这种教材化方法在高校乒乓球课程教学过程中是不可缺少的,因为它对教会学生运用运动处方锻炼身体的方法非常有利。

(二)高校乒乓球课程教学内容与教科书

1. 乒乓球教科书的价值

乒乓球运动作为学校体育运动项目的重要内容之一,其教科书也有非常重要的价值,具体体现在以下几点。

(1)是技能讲解的媒体。由于乒乓球运动技术和战术是有一定的复杂性的,仅靠教师在课堂上的讲解是无法让学生充分理解的,这就需要运用其他的辅助形式来表现。文字和图片可以用来表示比较复杂的运动技术和战术,但是由于高校乒乓球课程的特殊性,使用黑板和挂图难以实

第三章 高校乒乓球课程内容资源的挖掘与优化

现,这时,乒乓球教科书就可以作为乒乓球运动技能讲解的媒介,这就将其媒介价值充分体现了出来。

(2)是课后复习的材料。在高校乒乓球课程教学过程中,有些技能仅在课堂上教了还不够,还需要在课后进行练习。而由于高校乒乓球运动课程与其他课是有所差别的,因此,在高校乒乓球课堂上,学生不太可能记笔记,这种情况下进行课后复习就需要乒乓球教科书发挥作用,可见乒乓球教科书可以作为课后复习的材料,笔记本和复习资料方面的价值较为显著。

(3)是课中和课后作业的辅导书。在乒乓球教科书中,往往会有一些自主性较强的实践作业的安排,课后也会安排一些锻炼身体的作业,这些都有利于学生锻炼身体的能力的提高。利用教科书来布置作业并对学生作业的完成进行辅导,可以规范作业的要求,并节省留作业的时间,因此,教材可以作为课中和课后高校乒乓球作业的辅导书。

(4)是学生课外乒乓球读本。"读本"的性质是乒乓球教科书应该具有的重要性质之一,在乒乓球教科书中编入一些课外读物和各种媒体中难以系统获得的乒乓球知识和原理,可以使乒乓球教材成为学生愿意阅读的"读本"。

(5)是学生相互和自我评价的工具。乒乓球的教科书中也会包含学生自我评价和相互评价这一重要内容,这些内容的编入是有意识的,它可以使学生在课中、课下对自己、对他人、对小组的同伴、对班集体,甚至对老师做出评价更加方便,从而使乒乓球学习的理性化更加显著,同时也更加充满活力和民主氛围。

2. 乒乓球教科书的用法

乒乓球教科书的作用主要有以下3种。

(1)课中辅助教学,课下指导复习。在高校乒乓球课堂教学中,乒乓球教科书是不可或缺的重要方面,这就是"课中辅助教学"的含义。教科书在课中辅助教学包含的情况有很多种:①在高校乒乓球课程教学中,学生钻研某些有难度的动作的情况,如在对运动技术结构分析时,给学生思考和分析提供帮助。②学生在高校乒乓球课程教学中需要讨论某些有深度的理论问题时,如在对某些战术理论进行探讨时,教材可以给学生提供分析的方法和例子。③教科书能够为学生提供各种参考,这主要适用于两种情况,一种是学生在高校乒乓球课程教学中进行小组学习的时候,一种是教师让学生进行独立探索性学习的时候。④当教师想在高校乒乓球课程教学中给学生以更广泛的学习内容或进行不同内容的选择教学时,可为学生提供选择内容。⑤当教师在高校乒乓球课程教学中让学生进行相互和自我评价,小组间、小组内评价时,可给予学生评价的标准和方法。

在高校乒乓球课程教学过程中,是要求课后进行相关练习的,而教科书中也有课外练习的作业,包括练习方法、练习量、注意事项等,形成一种类似"家庭作业"的"课后练习"的东西,如"家庭运动处方""课外小组活动"等。通过教科书,学生可以获得有难度的运动技术和身体素质练习的方法,以便在课后进行复习,这也就是教科书"课下指导学习"的作用所在。

(2)课中辅助教学,课下拓展学习。教科书的作用是多方面的,其中,"课下拓展学习"也是其重要作用之一,也可以将其理解为在课下安排一些与课上内容有联系的内容,但是要比课上的内容更为广泛,这就为学生的自我学习和探索提供了一定的帮助。理论上需要思考的问题以及在方式方法上变形和变化的运动都属于这一性质的内容,它们共同形成了一种类似"课外尝试和探索作业"的东西。

(3)课中辅助教学,课中和课后进行评价。学生进行高校乒乓球课程学习,其中包含的众多因素中,对自我的学习情况进行评价是十分重要的,它可以使学生对自己的学习态度、学习行为、学习效果有清晰的认识,有利于学生进行内省式总结。教科书则将其"课后进行评价"的作用充分发挥了出来,因为在乒乓球教科书中有一些评价表,通过教科书,学生能对一些自我评价的方法进行学习、掌握和应用。

第三节　高校乒乓球课程教学内容资源的开发与发展对策

一、高校乒乓球课程教学内容资源的开发

(一)高校乒乓球课程教学内容资源开发的必要性

1. 能使新课程改革的相关需要得到满足

由于多种因素的制约和干扰,高校乒乓球课程教学内容资源在识别、开发和运用的意识和能力方面都是较为欠缺的,其主要原因有以下两种:①高校乒乓球课程教学资源的缺乏;②高校乒乓球课程教学资源的

第三章　高校乒乓球课程内容资源的挖掘与优化

开发和利用方面意识的缺乏,这是很多具有较高价值的课程资源处于闲置状态、浪费严重的重要原因,这也在一定程度上制约甚至阻碍了教师创造性的发挥,同时对于高校乒乓球课程教学的效果也会产生不利的影响。

高校乒乓球课程资源是较为丰富的,在高校乒乓球课程教学实施的过程中,关于乒乓球课程教学内容资源所能发挥出来的巨大作用,学校和教师应该形成一个充分的认识,即将乒乓球课程教学内容资源的相关开发和利用纳入高校乒乓球课程教学实施的计划之中,从而为学生提供一个更加丰富的课程资源。这从某种意义上来说,也能够使学生学得更多、学得更好、学得更有趣。

2.能够有效提升乒乓球课程教学效果

通常,按照新课程标准的要求,在选择教学内容和教学方法时,一定要以既定的教学目标为依据来进行,这对于高校乒乓球课程教学来说也是如此。为了达成高校乒乓球课程目标,各地、各学校和体育教师可以选择各个不同的教学内容以及采用各种形式的教学方法和形式来完成。

对于高校学生来说,更多的选择和学习空间是有助于促进他们参与学习的兴趣和积极性的重要原因,这在高校乒乓球课程教学内容资源的开发方面也是适用的。由此,学生通过对自身兴趣和爱好的自查,来有针对性地将自己所喜欢的教学内容和学习方式选择出来,这能在有效提升学习积极性的同时,大幅度提升学习效果。

3.能够为学生进行自主学习创造出更好的有利条件

现代教育对自主学习是非常重视的,对自主学习的重要性的认识也较为深刻,这在高校乒乓球课程教学中也不例外。不管是什么样的教学内容、教学方法还是教学策略,在具体的应用功能方面所起到的作用都是较为单一的,所取得的教学效果也是非常有限的,对于学习需求和学习策略、学习风格方面差异显著的广大学生来说,这些是不利于他们学习需求得到满足,也不利于他们各自潜力的发挥的。要解决上述问题,可以提供丰富多样的学习资源,使学生能够按照自身的实际情况和需求来将自己的学习渠道和方式确定下来,这对于学生的自主学习是非常有帮助的。

(二)高校乒乓球课程教学内容资源开发的方法

乒乓球作为竞技体育运动项目之一,是传统体育教学内容的主要来源,其教学体系也是属于竞技体育运动的范畴。需要强调的是,乒乓球进入学校体育课程教学的范畴后,其目标就发生了转变,即由提高运动成绩逐渐转变为促进广大学生身心健康。这就需要对高校乒乓球课程教学内容进行改造：一个是对乒乓球比赛规则进行简化和异化，一个是充分挖掘和开发乒乓球运动内容的多种功能。

简化，就是去繁从简，进一步来说，就是将那些过于详细的、与学生关系不算紧密的、对促进健康不利的规则摈弃掉，从而激发学生的学习兴趣，促使他们全身心地投入到乒乓球活动中去的作用得到进一步的强化。

异化，一方面是指对既有规则进行修改；另一方面是指在既有规则的基础上加以创新，使创新出来的规则能够与学生和学校场地更相适应。

从当前的状况来看，高校乒乓球课程教学内容资源是非常丰富的，在对其进行开发时，学校和体育教师必须要以学生的实际为出发点，与学生的身心发展特征相结合，对现有的高校乒乓球课程教学内容加强改造，这既是高校乒乓球课程设计的重要内容，同时也是发挥教师主导作用的一个重要体现。

改造高校乒乓球课程教学内容所用到的方法主要有以下几点。

（1）通过将技术结构进一步精简来有效降低运动难度，从而将其在增强学生体能、增进学生健康方面的作用进一步强化，同时，也能使学生参与运动时所承受的生理和心理负担有所缓解。

（2）要适当调整高校乒乓球场地和器材的规格，并适当修改比赛规则，使其与学生的实际特点和需求更加相适应，将学生学习兴趣更好地激发出来，从而有效提升学生在乒乓球运动中的参与程度。

（3）在乒乓球运动负荷方面不要有过高的要求，做到适宜即可，否则，会与学生运动锻炼的需求和发展特点不相适应，最终的效果也会不甚理想。

（4）组织教材内容至关重要，首先，要对传统教材中乒乓球运动的竞技特点进行针对性的调整和转换，将乒乓球的多种功能尽可能地挖掘出来，但是在挖掘过程中，一定要对教材的多元化功能进行充分考量。

（三）高校乒乓球课程教学内容资源开发的注意事项

（1）要与《国家基础教育课程改革纲要》的理念和目标相符，并且要有效落实各项要求，对学生的健康发展起到促进作用。

（2）开发高校乒乓球课程教学内容资源，首先要参照五个学习领域的内容标准，然后进行学习内容的精选，精选的内容主要是那些对学生身心健康有利的方面，同时还要以学生的发展需要为中心，对学生在这方

第三章 高校乒乓球课程内容资源的挖掘与优化

面的创新能力和创新精神进行积极的培养和提升。

（3）高校乒乓球课程教学内容资源的开发必须与学生的身心发展特点相符合，在有效满足学生在乒乓球方面的兴趣和相应的发展要求的同时，也要有效兼顾学生的群体需求以及个体需求，不可忽视其一。

（4）对高校乒乓球课程教学内容资源进行开发，学生的兴趣、知识、生活经验、需求、可接受性、情感态度和价值观及培养目标等都是需要考虑的重要因素，要增强乒乓球课程教学内容资源的实用性，同时，还要与高校乒乓球课程教学的具体实际相结合，努力发展能够反映学校特色的新乒乓球课程教学内容资源进，促进新课程目标的整体实现。

（5）开发高校乒乓球课程教学内容资源，一定要重视教学内容的安全性，同时，组织措施也要到位。

对高校乒乓球课程教学资源进行开发，对于我国基础教育课程改革目标的实现有非常重要的影响。当下的一个重要课题，也是当务之急，就是要进一步增强高校乒乓球课程教学资源意识，提高各高校及体育教师对高校乒乓球课程教学资源的认识水平，因地制宜地开发和利用乒乓球相关的丰富课程教学内容资源，以促使高校乒乓球课程教学改革目标的顺利实现。只有采用现代教育理念来对高校乒乓球课程教学资源进行辩证开发，才能更好地培养出与现代社会需求相适应的合格的学生。

二、高校乒乓球课程教学内容资源的发展对策

（一）高校乒乓球课程教学内容资源的发展现状

从当前的形势来看，在发展过程中，我国高校乒乓球在教学内容资源方面仍有一些问题存在并亟待解决，主要可以归纳为以下几方面。

1. 学生的主体性没有在设计上体现出来

在设计高校乒乓球课程时，一定要从健康的角度入手，这是根本性的要求；同时，还要以学生的身心发展和学习为出发点，来有效选择和设计相关的教学内容，同时，也要与学生的需要、学生的发展以及学生的主体作用相结合，从而保证教学内容的科学性与合理性。但是，在具体的高校乒乓球课程教学内容的实际设计操作方面，大部分的体育教师没有充分考虑到学生的具体的发展需要，对教学过程中学生的主体作用的重视程度也远远不够。

2. 课程安排的合理性欠缺

通过对我国高校乒乓球课程安排的调查分析发现,这方面存在着较多的问题,比如,在乒乓球课的安排方面,往往重视实践课而忽视理论课。但是,实践是在理论的基础上实施的,缺乏理论的支撑,乒乓球课程教学的开展就会受到制约,最终所获取的乒乓球课教学质量也会不甚理想。

3. 内容陈旧,缺乏创新

在不断的发展过程中,我国体育教学始终都会强调教学内容体系的完整性,这在高校乒乓球课程教学中也是如此。但同时这也会导致在一些比较具有前瞻性和现代性的教学内容方面的忽视,使得高校乒乓球课程教学的相关知识和技能大都比较老旧,在缺乏创新的情况下,更新的速度非常慢,这造成了学生产生枯燥、乏味之感。

4. 教学内容单一,无法满足学生的自主选择

宏观方面,高校乒乓球课程教学内容太过于死板,从而致使一些局限性和阻碍因素产生,具体表现为以下几点。

(1)过于细致的教学大纲及相关规定,所导致的直接后果就是编排出来的教学内容大都是大同小异的,进一步地,就会导致确定高校乒乓球课程教学内容时,限制了教师的自由发挥程度,通常只能"照章办事",这就会导致教师的创造性作用得不到充分发挥,无法将其主导性地位体现出来。

(2)由于规定的过于死板,学生在高校乒乓球课程教学内容方面的自主选择就会受到制约,从而无法与学生的具体发展需要相适应,再加上选修的教学内容所占的比例较少,这些都不利于高校乒乓球课程教学内容的进一步完善与理想教学效果的取得。

(3)高校乒乓球课程教学内容过于单一化,在这样的情况下,要想将高校乒乓球课程教学的教学目标体现出来是非常困难的,而且课程教学内容中,真正满足学生兴趣的、趣味性和娱乐性较为显著的相关内容是非常少的。

5. 基础设施不能满足教学与学生需求

高校乒乓球课程教学活动的开展是需要在一定的物质基础上实现的,就是指要具备完善的场地和器材设备。从目前的状况来看,我国大多数高校乒乓球课相关的场地和器材设备都不够完善,很难确保乒乓球课的教学质量。比如,学校在教学设备的保护方面往往是忽视的,这就导致很多乒乓球台被损坏,但是由于没有得到及时的维修,仍处于使用当中,

这就会对学生的健康产生威胁;很多高校不及时地更新教学设施,不能够做到与时俱进,这对于学生创新能力的提高是不利的。

6. 教学内容较多,认识深度不够

高校乒乓球课程教学包含的内容非常之多,就表面来看,看似对学生的全面发展给予了足够的重视,但就实际来说,很难在规定的时间内将这些教学内容一一教授完。即便能够在规定时间教授完一部分内容,这些通常也只是对一些表面性的知识进行综合性的讲授,学生对所学的乒乓球课程教学内容的认识较为浅显,这也不利于学生更好地掌握乒乓球运动技能。

(二)高校乒乓球课程教学内容资源的发展趋势

高校乒乓球课程教学内容资源的未来发展走向,大致可以归纳为两方面。

1. 教师价值主体逐渐转变为学生价值主体

通过对之前传统教学大纲的分析研究发现,在选择和确定高校乒乓球课程教学内容方面,一定要以教师在教学内容中的价值取向为导向来进行,就是要高度重视教师的教。但是,随着现代体育教学深化改革的不断推进,在课程教学内容的选择方面,学生的价值取向越来越得到关注和重视,逐渐形成一种普遍性的发展趋势,即从学生的主体性角度来选择和确定相应的高校乒乓球课程教学内容。

2. 重视学生身体素质发展转变为身心全面发展

由于之前的高校乒乓球课程教学内容的选择受制于多种因素,从而导致课程始终将对学生身体素质进行重点发展的体能达标课作为自身的定位。在新课程改革正式实施之后,学生在教学中所扮演的角色和承担的责任越来越重要。在选择和确定高校乒乓球课程教学内容方面,必须要符合素质教育相关基本要求,在提升学生乒乓球专项技能的同时,也更好地促使学生身心得到全面发展。

(三)高校乒乓球课程教学内容资源的发展改革措施

1. 及时更新教学内容动态

包括高校乒乓球课程在内的所有课程,都是一定社会、经济制度的产物。教学内容的选择必然伴随社会的发展而不断更新与完善,社会发展的促进作用也是推动教学内容选择与发展的必然结果。社会始终处于持续发展的动态中,因此,这就要求高校乒乓球课程教学内容的选择也要时刻保持动态更新。一般地,高校乒乓球课程教学内容资源的更新主要涉及三个方面,即教材版本更新、教材内容更新以及教材体系更新。其中乒乓球教材体系可以分为基础理论篇、技战术学习篇和技能指导篇三部分(见表3-1)。

表3-1　乒乓球教材体系基本框架[①]

基础理论篇	乒乓球运动常识	乒乓球运动发展简史;乒乓球重大赛事介绍;乒乓球常用术语;乒乓球拍器材功能介绍;握拍法、基本站位与基本姿势。乒乓球击球的基本原理;乒乓球制胜因素及打法类型特点;新规则下的乒乓球技战术发展趋势
技战术学习篇	乒乓球技术 乒乓球战术	常用步法;发球与接发球;推挡与拨球;攻球;搓球;弧圈球;直拍反面技术;乒乓球技术训练应注意的问题。发球抢攻;接发球抢攻;对攻;搓攻;拉攻;乒乓球战术训练应注意的问题;乒乓球战术意识培养
技能指导篇	乒乓球双打 乒乓球教学能力 乒乓球组织能力 乒乓球创新能力 乒乓球健身指导能力 乒乓球科研能力	双打的特点与配对;双打的战术。教学原则和组织方法;教学文件制定,观察分析和纠正错误;乒乓球教学注意事项。乒乓球竞赛规则;乒乓球竞赛组织与编排;乒乓球比赛裁判。乒乓球游戏创编;乒乓球练习手段创新;乒乓球教学方法创新。乒乓球运动健身功能;乒乓球运动健身手段;乒乓球比赛赏析。乒乓球运动科研意义、选题范围及内容选择;乒乓球运动科研计划与步骤;乒乓球运动主要研究方法

2.合理安排课程体系

众所周知,理论和实践两者之间的关系是非常密切且不可缺少其一的,教学活动的质量取决于两者之间的相互促进。关于高校乒乓球的教学内容,首先,应该从高校自身出发,做好相应的规划,并保证规划的科学性和专业性,将理论和技术放在同等重要的位置上。但是,实际情况并

---

① 兰彤,何艳.体育院校体育教育专业乒乓球课程内容设置创新研究[J].沈阳体育学院学报,2008(5):90-92.

第三章　高校乒乓球课程内容资源的挖掘与优化

非如此,调查发现,大部分的高校乒乓球教师在教学过程中教授的内容以乒乓球的具体技术为主,涉及的专业理论知识非常少,这就导致学生对乒乓球的总体认知程度较低,只掌握专业技能,在理论知识方面"一问三不知"。因此,对于高校来说,就要适当调整乒乓球课程安排体系,平衡理论和实践的比例,从而保证乒乓球课程教学的有效性。另外,在教学内容的安排上,也应该先对学生进行理论教学,使学生意识到乒乓球理论课的重要性,以及与乒乓球有关的规则,以保证乒乓球实践课活动的合理性和有效性。

3. 通过积极的引导提升学生的思考能力

乒乓球运动能使学生的动手能力和思考能力都得到有效锻炼和提升。因为在高校乒乓球课程教学过程中,尤其是实践教学中,学生要以球运动的轨迹来判断球落下的位置,还要细心观察对手的运动习惯,从而对对手下一次出球的方式进行准确预判。在乒乓球战术方面,学生则需要进行长时间的观察、冷静的思考、精密的规划等来进行分析。战术的最佳讲解模式便是教师根据学生的实际情况创设学习情境,规划好每一个课时的内容,从学生的兴趣点出发,让学习内容与社会热点连接起来,从而提高学生学习的效果。

4. 增设游戏活动的相关内容

要想保持学生的学习热情和兴趣,以及良好的教学效果,一成不变的课堂授课是不可能实现的,因为学生并不喜欢枯燥乏味的学习和机械性的教学和训练,增设游戏活动是有效解决这一问题的途径之一。游戏的增设,不仅能吸引学生的注意,还可作为一种课前热身项目,对后续的乒乓球专业技能训练起到事半功倍的效果;除此之外,还可以针对性地增设一些游戏,从而有效增强学生的凝聚力,使其对集体的意义有更加深刻的体会,达到传播竞技精神的目的。游戏的方式多种多样,可以是单人对抗赛、多人对抗赛、接球竞赛等,具体根据乒乓球课程教学的实际需要来进行选择。

5. 完善乒乓球场地器材

场地器材,是体育教学开展的重要物质基础,高校乒乓球课程教学的开展同样需要相关的场地器材加以支撑。良好的场地器材,能够为学生提供一个良好的教学环境,因此,重视乒乓球课教学场地器材的建设工作至关重要。

各高校要参照学生的数量来确定乒乓球场地和器材的数量,从而使学生在乒乓球场地和器材方面的需求得到充分的满足,同时,还要做好器材的更新工作。另外,高校还应建立一套场地和器材的维修制度,定期地对场地和器材进行维护,同时规范学生的行为,使其在上课时对场地和器材进行保护,延长场地和器材的使用寿命。在课余时间,为有兴趣的学生提供场地进行练习,丰富其课余生活,促进学生的全面发展。[①]

[①] 胡毅,朱旖旎,刘振,等.普通高校乒乓球课教学内容的优化探究[J].体育风尚,2019(9):152.

第四章 高校乒乓球课程教学方法优化

乒乓球课程教学方法的选择与实施是影响高校乒乓球课程教学质量的关键环节,改革优化乒乓球课程教学方法,加强教学方法的创新应用对提升高校乒乓球课程教学质量具有重要意义。当前我国高校乒乓球教学中普遍存在教学方法单一、缺乏创新的问题,严重影响了大学生的学习兴趣,也制约了乒乓球教学效果。对此,有必要对高校乒乓球课程教学方法的改革与优化创新进行深入研究,促进创新教学方法的有效应用以及传统教学方法与创新教学方法的有机结合。本章主要就高校乒乓球课程教学方法的优化展开研究,首先阐述体育教学方法的基本知识,其次分析高校乒乓球课程的常用教学方法,再次对信息化技术背景下创新教学方法在乒乓球教学中的应用展开分析,最后提出优化高校乒乓球课程教学方法的建议与策略。

第一节 体育教学方法概述

一、体育教学方法的概念

广义上的体育教学方法是指体育教师为达到体育教学目标,在教学过程中指导学生所进行的一系列活动方式、途径和手段的总和。[1]

狭义上的体育教学方法是指体育教学中教师依据教学目标,为使学生循序渐进掌握体育知识与技能而选择的某种具体方法或手段。

二、体育教学方法的分类

体育教学方法的分类方式有很多,参考不同的标准,有不同的分类方法。下述主要介绍3种常见的分类方法。

---

[1] 张振华.体育教学理论与方法[M].北京:北京师范大学出版社,2016.

（一）根据体育学科的特性分类

依据体育学科的特性，可以将体育教学方法分为"教法"和"学练法"两种类型（见图4-1）。教法以教师为主，包括三阶段教法，这是依据运动技能的3个形成阶段（建立技术表象、实施与矫正技术、巩固技能）而划分的，在运动技能形成的不同阶段教师采取的教法有所不同。学练方法以学生为主，包括有教师指导和无教师指导两种情况，在有教师指导的情况下，依据运动技能的形成过程也分为3个阶段的学练法。

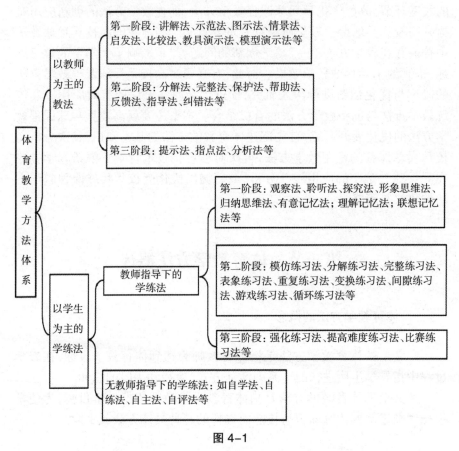

图4-1

（二）根据体育教学指导思想分类

根据体育教学的指导思想，将体育教学方法分为原理性和操作性两种类型（见图4-2）。

第四章　高校乒乓球课程教学方法优化

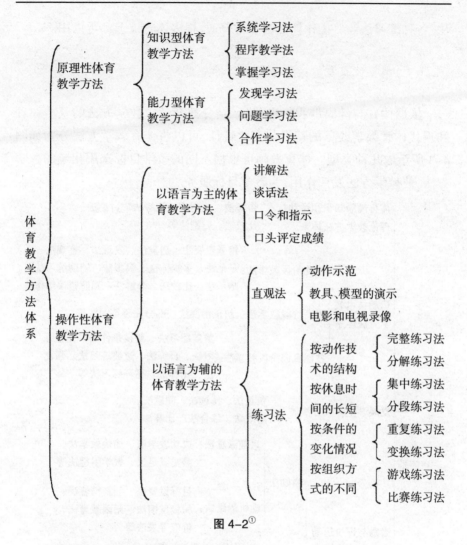

图 4-2[①]

1. 原理性体育教学方法

原理性体育教学方法是在新教学思想的指导下形成的,以新教学理念为依据而解决体育教学实践问题,是教学思想在体育教学实践中直接转化的结果。这类教学方法又包括知识型和能力型两类教学方法,它们的共同点是具有原理指导性。

2. 操作性体育教学方法

操作性教法是体育课堂上运用的具体教法,如口头讲解法、教具演示

---

① 曲红军.论体育教学方法的分类与选择[D].济南:山东师范大学,2003.

法、各种练习法等。操作性教法非常普通，很多体育课上都可以用。

（三）根据体育与健康课程标准目标分类

依据体育与健康课程标准目标，结合教育学中教学方法的基本原理和现代体育教学改革的特点与变化特征，可以将体育教学方法分为如图4-3所示的几种类型。体育教师可根据不同的教学目标选用相应的教学方法，使教学方法发挥作用，为教学目标服务。

体育教学方法体系：
- 体育健康知识和运动技术理论教学方法体系：讲解法、谈话法、问答法、讨论法、比较法、归纳法等
- 运动技术教学方法体系：
  - 泛化阶段教学法：情景置疑法、启发法、发现法、直观法、示范法、多媒体法、模拟法、辅助练习法、暗示法、比较法、分解法、预防错误动作法
  - 提高阶段教学法：纠正错误法、部分完整练习法等
  - 技能巩固阶段教学法：重复练习法、变换条件法、完整练习法、自练法、过渡练习法、强化法、比赛法、循环练习法等
- 发展学生体能方法体系：负重法、持续法、间歇法、游戏法、综合法、比赛法
- 激励与评价运动参与方法体系：
  - 激励法：
    - 兴趣激励法：成功教学法、愉快教学法、需要满足法、教学引趣法等
    - 动机激励法：目标设置法、创新情境法、积极反馈法、归因教育法、价值寻求法等
  - 教育法：说服法、鼓励法、榜样法、评比法、表扬法、批评法等
  - 评价法：积极评价法、鼓励评价法、对比评价法、信息反馈法、自我评价法等
- 发展学生心理方法体系（包括社会适应能力）：个别与集体指导法、个性培养法、自学法、自练法、差别教学法、分组轮换法、合作学习法、分层教学法等

图 4-3[①]

---

① 李启迪，邵德伟.体育教学基本理论研究[M].北京：北京师范大学出版社，2014.

三、体育教学方法的特征

（一）双边互动性

体育教学方式与方法是教师指导学生学习的双边活动的方法，它是由教师教和学生学组合而成的。在体育教学方法的运用中，教师教的方法与学生学的方法是相互影响的。

（二）多感官参与性

体育教学过程中体育教师和学生都必须充分动员身体的各种感觉器官，如通过视觉与听觉来接收信息，在中枢神经系统的指挥下，运用身体的触觉、位觉、动觉等示范和练习动作，通过本体感觉来感知机体在完成动作时动作的用力大小、运动方向、动作幅度等，以体会正确的动作定式，控制机体科学完成动作。

（三）感知、思维和练习的组合性

体育教学目标和教学程序决定了学生要动员多种感官接收信息，学生利用大脑皮层接收信息，经过大脑的分析、加工和处理后以指令的形式指挥机体完成相应动作，这个过程中学生需要充分运用感知、思维和练习，感知是学习的基础，思维是学习的核心，练习是学习的结果，感知、思维和练习在体育教学方法的实施中是紧密结合的。[①]

第二节 常见的高校乒乓球课程教学方法及应用

一、讲解法

讲解法就是教师向学生说明动作要领、方法和规则要求等知识，目的在于指导学生学习和掌握乒乓球知识与运动技能。

[①] 宋大维，金东涛，温兴训.高校体育教学理论探索与实用指导[M].北京：中国书籍出版社，2016.

在乒乓球教学中运用讲解法应注意以下要求。

（1）明确讲解目的，根据教学目标、教学内容和学生特点进行讲解。

（2）在讲解时，应注重内容的正确性，讲解方式要与学生的学习情况和学习能力相适应。

（3）讲解要生动形象、简明扼要，以使学生更好地理解教学内容。

（4）讲解中不能将一些知识体系和动作技术孤立开来，要注重启发学生的发散性思维和创造性思维，使学生触类旁通，举一反三，学以致用。

（5）注重讲解的时机和效果，充分调动学生的积极性。

二、动作示范法

动作示范法是教师采取一些示范动作使学生掌握技术动作的形象、结构和要领的基本方法。在乒乓球教学中采用动作示范法时，应注意以下几点。

（1）动作示范应具有目的性，根据目的调整示范速度、示范角度和示范次数。

（2）示范动作正确无误，与学生的学习能力相适应。

（3）乒乓球教师在全体学生都能看到的位置完成动作示范。

（4）示范时一般要配合讲解，使学生更好地理解动作。

三、完整与分解教学法

（一）完整教学法

完整教学法指的是从动作开始到结束，完整进行教学和练习的方法。完整教学法其优点在于结构简单、动作协调优美、方向路线变化少，各动作之间密切联系。

在乒乓球教学中采用这一教学法要注意以下几点。

（1）在讲授简单和易于掌握的乒乓球技术时，先进行完整的动作示范，再让学生完整模仿练习。

（2）可适当改变外部环境条件，使学生在外力条件的帮助下完成完整乒乓球动作。

（二）分解教学法

分解教学法是将完整的动作分为几个部分来教,使学生分别练习,最终逐步掌握完整动作的教学方法。这种方法适用于难度较高,动作可分解的技术教学中,将复杂动作分解为若干简单动作,从而降低技术难度,为学生学习和掌握动作提供便利。分解教学法和完整教学法通常结合使用。

在乒乓球教学中运用分解教学法应注意以下几点。

（1）认真分析乒乓球技术动作的特点,采用恰当的方式进行分解,注重时空因素的有序性和统一性。

（2）将完整技术分为多个动作时,注意各个动作之间的内在联系,不能破坏动作的内部结构。

（3）学生掌握分解动作后,要将分解动作衔接起来,形成有机的整体,再熟练流畅地完成完整动作。[1]

四、多球训练法

多球训练也是高校乒乓球课程教学中常用的教学方法之一,这是学生掌握乒乓球技术的练习方法,有助于提高学生乒乓球技术动作的熟练性与练习质量。下述主要分析一人多球练习法和两人多球练习法。

（一）一人多球练习法

一人多球练习是一个人用一筐球练习单个乒乓球技术动作的方法。初学者适合采用这一练习法,有利于了解乒乓球的击球动作结构,提高发球技术质量。

（二）两人多球练习法

两人多球练习指的是两个人使用一筐球进行单个技术或技术组合练习的方式,这是提高学生技术质量和步法移动速度的重要练习方法。

两人多球练习的具体方法如下。

---

[1] 张伟峰.现代乒乓球运动的多维探索与实战训练研究[M].北京:中国纺织出版社,2018.

1. 单个技术定点练习

（1）正手快攻练习（见图 4-4）。

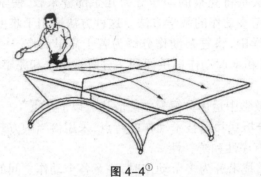

图 4-4[①]

（2）拉弧圈球练习（见图 4-5）或打弧圈球练习（见图 4-6）。

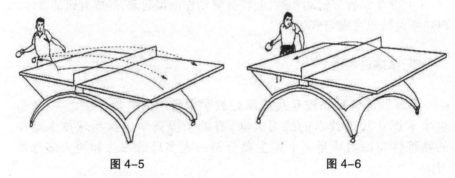

图 4-5　　　　　　图 4-6

（3）正手扣杀球练习（见图 4-7）。

图 4-7

2. 单个技术不定点练习

供球者供球的旋转性能及球的落点是变化的，练习方法如下。

---

① 刘建和.乒乓球教学与训练[M].北京：人民体育出版社，2004.

第四章　高校乒乓球课程教学方法优化

（1）正手1/2台或2/3台，全台跑动攻上旋球练习（见图4-8）。

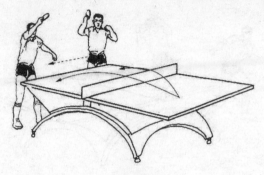

图 4-8

（2）正手跑动拉下旋球练习（见图4-9）。

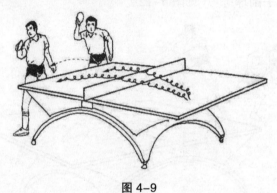

图 4-9

3. 结合技术动作定点练习

供球者供球的落点固定不变，练习者采用两个或两个以上的单项技术还击。练习方式如下。

（1）左推右攻或正反手两面攻练习（见图4-10）。

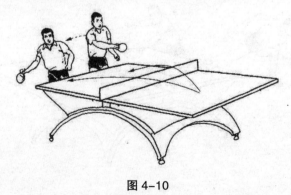

图 4-10

（2）正手拉扣结合练习（见图4-11）。

图 4-11

（3）正反手削球练习（见图4-12）。

图 4-12

（4）正手削接长短球练习（见图4-13）。

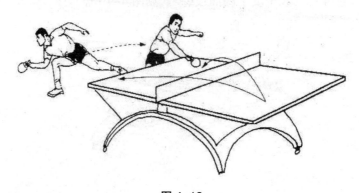

图 4-13

（5）推挡侧身扑正手练习（见图4-14）。

图4-14

（6）削中反攻练习（见图4-15）。
（7）搓中突击结合扣杀练习（见图4-16）。

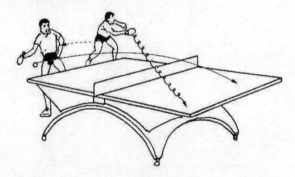

图4-15

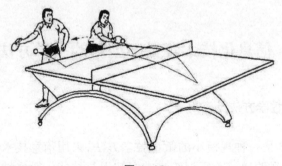

图4-16

4.结合技术动作不定点练习

（1）削球或搓球压低击球弧线练习（见图4-17）。
（2）扩大移动范围进行练习，即放两个半张球台，增加球台宽度，如图4-18所示。

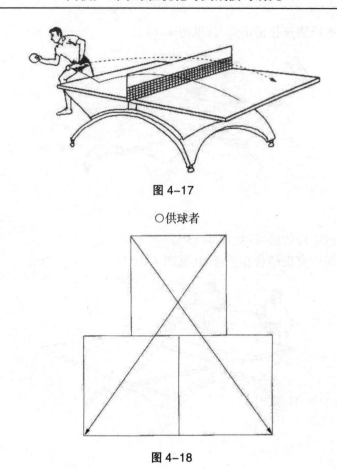

图 4-17

○供球者

图 4-18

第三节　信息化技术背景下创新的教学方法及应用

一、微格教学方法及应用

微格教学是一种规模小的微型教学方法,采用信息技术手段来探究与记录知识,强调通过重复训练来掌握知识与技能。微格教学方法的应用价值及重要作用体现在以下几方面。

（1）采用智能化教学手段提高学习效率。

（2）具有示范性的微格教学适用于技能训练,而且反馈及时,有助于提高技能质量。

（3）促进师生互动,建立新型师生关系。

(4)微格教学具有示范性,利于动作技能训练。

下面分析微格教学在高校乒乓球运动技能教学中的具体应用策略。

(一)运用微格教学指导乒乓球动作技能学练

一般的乒乓球教学模式中,乒乓球教师采用传统教学方式来传授乒乓球理论知识,指导乒乓球技能练习,在教学与训练中使学生掌握乒乓球技战术,从而达到运动参与领域和运动技能领域的教学目标。而将微格教学方法运用到乒乓球教学中,采用信息化教学手段来细分教学内容,直观指导学生训练,及时发现学生不规范或错误动作并纠正,这个过程中学生学练情况和重要信息的反馈是实时性的,教师结合图像材料分析重要信息,发现并指出学生的问题,然后运用指导性语言帮助学生分析问题的成因,准确指出纠正的方法,以提高学生的动作技能水平。例如,教师用摄像机录制教学内容,引导学生观看录制视频,指明哪些是观察和学习的要点,哪些信息是不相关的,以提高学习效率。

微格教学方法对技术信息资源的利用恰到好处,大大提高了示范教学的效果,扩大了教学内容范围,将抽象、复杂的教学内容转换为容易被学生理解和掌握的具体的简单的内容,使学生在迅速领会重要信息后进行实践练习操作,提高了学生的反应能力和学习能力。

乒乓球教师实施微格教学方法,对传统教学形式做了改变,采用现代技术手段对教学内容进行了处理,使乒乓球动作结构更加细致,接近学生的认知水平,可操作性也大大提升。在借助信息技术手段下所进行的准确无误的示范与学生练习中的错误与问题形成了鲜明的对比,也使学生看到了自己的不足,师生共同解决问题,拓展学生的认知结构,提高学生的学习质量。

(二)运用微格教学促进学生乒乓球动作技能的正迁移

学生在学习新动作技能时,之前已掌握的基础知识和动作技能发挥了重要作用,使学生快速掌握了新的动作技能,这便是动作技能的正迁移。如果之前积累的知识与掌握的技能制约了对新技能的学习,那么就是动作技能的负迁移。迁移是学习过程中很普遍的现象,要想让正迁移现象发生在学生学习乒乓球运动技能的过程中,就要求乒乓球教师善于采用恰当的教学方式,合理安排教学顺序,关注不同教学内容之间的内在联系。微格教学正是这样一种能够使学生在动作技能学习中发生正迁移的教学方法。

在乒乓球微格教学中,教师应对微格教案进行设计与编写,指导学生客观评价自己的学习情况,促进学生思维能力的提升,同时要使学生对乒乓球运动不同动作技能间的内在联系形成正确的认识,善于总结各项技能的关系,从而在学习新技能的过程中将已掌握的技能的正迁移作用充分发挥出来,将已有理论知识应用到实践中指导技能学习,从而提高动作技能的学习与训练效果。

(三)运用微格教学全面提升教学效果

利用微格教学方法指导乒乓球运动技能训练,有助于实现理论知识向实际操作的转化,实现抽象向具体的转化,促进教与学形成有机整体,推动师生进步与发展,既使教师的引导作用得到强化,也使学生的训练质量得到提升,从而既提高了教的效果,也提升了学的效果,全面提升了乒乓球教学的整体效果。

在乒乓球运动技能教学中运用微格教学法,对教师的教学技能提出了较高的要求,也强调对学生学习主体地位的尊重,教师要让学生认识到学习动作技能及相关理论知识的重要意义,并能在微格教学中自主分解知识,在实践操作中将理论知识(包括抽象和具体的知识)融入其中,实现理论与实践的有机结合,达到预期的教学目标。

(四)运用微格教学调动学生学习主动性

将微格教学运用到乒乓球动作技能教学中,要求乒乓球教师对一定的问题情境进行设计,引导学生从不同思维角度思考问题,引起学生对新教学内容与已掌握知识在认知上的冲突与矛盾,使其思考已有认知结构的形成过程和完善方法,将其学习积极性激发出来,以实现教学目标。创设问题情境能够给乒乓球课堂教学带来疑问和悬念,使学生带着好奇心去积极探索问题的答案,学生在动作技能训练中思考问题、分析问题、解决问题的整个过程可借助多媒体教具记录下来,然后引导学生通过观看录像找出自己在练习中不足的地方,在接下来的练习中有针对性地解决自己的问题,完善自己的动作技能,提高自己的动作质量与训练水平,使乒乓球运动技能教学更加规范,达到预期的运动技能目标。

二、微课教学方法及应用

微课是以教学目标和教学要求为依据,以视频为载体对课堂教学中

第四章　高校乒乓球课程教学方法优化

的全部活动(教师的教学活动、学生的学习活动以及师生互动活动)进行记录的教学方法。微课教学法具有教学时间短、教学内容精简、注重师生互动等特征。微课教学方法的应用价值及重要作用体现在以下几方面。

(1)促进学生学习效率的提升。

(2)改革传统教学模式中落后的因素,提高教学模式的应用价值。

(3)对零碎的教学时间加以整合,提高课堂时间的利用效率。

(4)尊重学生的主体性,提高教学的针对性。

(5)及时帮助学生纠正错误动作,规范动作。

下述具体分析微课教学方法在高校乒乓球课程教学中的应用策略。

(一)重视微课教学平台的建立

不同高校的教学条件有差异,在教学硬件与教学软件方面都有充分的体现,各高校在建立微课教学平台时,要选择符合本校教学条件的多媒体手段,微课教学既要体现出现代性、有效性,也要讲求经济便捷性。一般来说,在班级大家庭中建立微信群能够很便捷快速地构建微课教学平台,教师将微课教学视频分享到班级群中,学生借助多媒体手段自主学习。在微课教学平台的构建中,要根据实际情况来投入相应的硬件和软件装备,由专业人员负责管理这些教学设施,每次使用前做好调试工作,并加强维护,提高利用率,延长使用寿命。

(二)科学进行乒乓球微课设计

教师进行乒乓球微课设计一定要科学,乒乓球微课设计的科学性主要体现在完整、系统和规范三方面。

1. 完整设计

在高校乒乓球微课设计中,要以学生为主体确定方案,制定教学目标明确、内容完整、重点清晰、难点突出、能够充分调动学生学习积极性的微课视频。[①]微课设计的完整性主要体现在组织结构的完整性、技术内容的完整性两个方面,其中技术完整性教学是分解教学的升华,有的技术适合直接采用完整教学法,有的技术适合先采用分解教学法,但最后一定要过渡到完整教学上。

① 龚涛.微课在高校乒乓球课教学中的运用刍议[J].才智,2020(20):132-133.

2. 系统设计

设计乒乓球微课,要树立现代化的教学理念,以学生体质健康、终身体育锻炼为目的而对教学内容进行系统性梳理,由点到面,由零散到整体,精心进行系统化的微课教学设计。

3. 规范设计

微课乒乓球课程结构精炼,内容单一,微课设计看似简单,实则非常专业,在设计过程中,乒乓球教师一定要确保方案中的每个元素如文字、图片、视频、动画等都准确无误,符合教学内容,如果存在失误,哪怕是很小的失误,都会给乒乓球微课教学质量带来不好的影响,因此规范化进行乒乓球微课设计是非常重要的。

(三)注重对微课视频教程的拍摄及运用

微课是高校乒乓球教师进行教学的一个现代化方式,除了对微课的直接运用外,教师也可以对自己的教学过程进行拍摄,制作微课教学视频,将自己的教学经验和技巧分享给其他教师,同时主动向其他教师学习经验,借鉴其他优秀教师的教学案例来组织教学,在教学资源与经验的互换中达到更好的教学效果。

教师拍摄自己的教学视频并计划将此作为教学案例分享给其他师生时,要特别重视教学的专业性、规范性与准确性,如用专业术语讲解,示范优美准确,指导学生时认真耐心,让学生将自己的学习成果展示出来,以体现良好的教学效果。如果条件允许,可以邀请专业乒乓球教练员或运动员从专业的视角拍摄视频,以提高拍摄质量。微课视频的分享为高校教学资源最大程度的共享提供了可能。为了使微课视频的应用价值得到进一步提高与充分发挥,高校可以举办校际教学研讨会或分享会,优秀乒乓球教师汇聚一堂共同进行专业教学的研讨,以制作出更精彩、专业、高质的乒乓球微课教学视频。

(四)在微课教学中把握教学难点

乒乓球运动中有些技术相对复杂一些,对学生来说学习起来难度较大,而将教学难点作为微课教学的主要内容,可以通过视频回放来使学生观察高难技术的动作细节,使其逐步掌握复杂技术,提高乒乓球运动水平。在乒乓球微课教学中可以实现对教学难点的准确把握,使学生按照视频内容与提示一遍遍演练,直至达到像视频中呈现出来的动作质量。

第四章　高校乒乓球课程教学方法优化

在学生对照视频演练的同时,乒乓球教师还要继续深化理论讲解,使学生在理解的基础上掌握乒乓球技术,提高练习效果。在微课教学中,还可以组织学生自由讨论,发表关于微课教学的看法,从而为完善微课教学提供思路,使微课教学真正服务于广大学生群体。

（五）在微课教学中增加互动

在乒乓球微课教学中,为了提高学生的思想注意力,使其将注意力全部放到课堂中来,教师要主动与学生互动,调动课堂氛围,将学生的学习积极性和热情也调动起来,使所有学生都真正参与到信息化教学中。在微课教学中增加互动的方式线上回答学生的问题,回复学生的评论,与学生在线沟通学习技巧,利用互联网平台使学生充分发表自己的观点,陈述自己的问题,耐心帮助学生解决问题,尊重学生的个性,同时引导学生之间的互动,提高学习的趣味,充分贯彻寓教于乐的教学原则。

（六）加强传统教学与微课教学的有机结合,构建一体化教学模式

在信息化技术背景下,微课教学作为现代化教学方式在高校乒乓球教学中得到了有效的运用,但要注意的是,乒乓球教学中要紧紧结合教学实际来展开教学工作,不能脱离实际情况,而且教师要把自己的教授活动与学生的学习活动紧紧联系起来,而不是只给学生呈现视频案例就可以了。另外,在运用现代化教学方式的同时不能忽视对传统教学方式的继续运用,传承下来的传统教学方法一定有其可取之处,所以要取其精华,将其与现代教学方式结合起来使用,实现传统与现代教学方式的有机互补。

乒乓球运动教学对学生的运动感知能力提出了较高的要求,因此在设计微课并运用这一现代化教学方式时,要加强线上教学与线下教学的有机结合,线上给学生呈现生动精彩的教学视频与真实案例,使学生了解乒乓球理论与技战术,并认真观察细节动作和难度动作。线下学生要不断练习来达到视频中要求的标准,并将所学理论与技战术运用到实践中,以实现理论的升华与技战术水平的提升。

分层教学、情境教学等是常见的线下教学方式,这些教学方式都适合与微课线上教学方式结合起来运用,这样既能提高学生对微课教学的兴趣,也能提高学生线下练习的积极性。因此,在高校乒乓球教学中,充分发挥线上线下教学方法的优势,构建线上线下相结合的乒乓球教学新模式具有重要意义。

第四节 高校乒乓球课程教学方法优化策略

一、高校乒乓球课程教学方法优化模式

高校乒乓球课程教学中既可以应用体育教学的一般方法,也可以从乒乓球运动特点出发设计专门的教学方法,不管是一般体育教学法,还是乒乓球专项教学法,都有自己的优势,也有自己的不足,在教学实际中往往会用到多种不同的教学方法,而将不同的方法组合在一起运用便会产生不同的教学效果。为了提高与优化高校乒乓球课程教学效果,乒乓球教师要善于从教学目标、教学条件、具体需要出发重视对不同教学方法的有机整合与优化组合,可参阅图4-19所示的教学方法优化模式。

二、高校乒乓球课程教学方法优化建议与对策

(一)促进教学手段的科学化

高校乒乓球课程教学中,乒乓球教师要明确教学目标。依据教学目标而科学选用教学方法手段。乒乓球教学作为体育教学内容之一,其实践性很强,一些传统教学方法存在理论与实践不符且二者差距明显的缺陷,再加上在教学方法的实施中采用比较单一的教学手段,导致教学效率低下,教学质量下滑。针对这个问题,乒乓球教师要根据学校条件来创造丰富的教学手段,教学方法的运用要体现出多样化,以提升学生对乒乓球课的兴趣。同时,有必要将多媒体教学手段引进乒乓球课堂教学中,借助多媒体手段使学生充分理解乒乓球技术原理,在教学视频的慢放与回放中使学生掌握动作细节,全面掌握乒乓球技术的每个环节,提高学生学习的稳定性与专业性。

此外,由于乒乓球教学的技巧性也比较突出,一些动作完成起来有些难度,因此要求乒乓球教师能够适当简化一些教学方法,使其更符合学生的认知能力,更易被学生掌握与运用。

总之,传统单一的教学手段严重影响了乒乓球教学效果,要重视将丰富生动的多媒体手段运用到课堂中,发挥多媒体教学手段的特色与优势,以培养学生的学习兴趣,提高学生的学习质量。

第四章 高校乒乓球课程教学方法优化

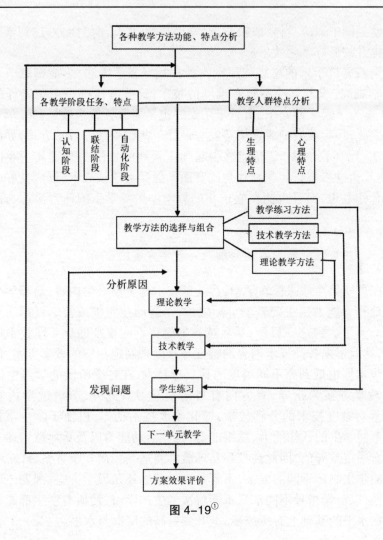

图 4-19[①]

(二)寓教于乐

乒乓球技术内容丰富,而且随着技术的不断更新,技术的多样性、先进性越来与突出,这就要求在高校乒乓球课程教学中采用丰富先进的教学方法实施教学。除了多样性、先进性外,乒乓球还具有娱乐性,是学生愉悦身心、休闲放松的活动内容。这就要求在高校乒乓球教学中采取一些活泼有趣的教学方法来营造活跃的课堂氛围,贯彻寓教于乐的教学原则,以吸引学生的关注,激发学生的好奇心与积极性,使学生在轻松欢快

---

① 张建龙,王炜.体育教学方法优化组合的依据、原则与程序[J].新西部(下半月),2009(5):238,241.

的课堂氛围中锻炼身体,放松心理,掌握技能,提高思维能力,达到全面发展与提升的良好教学效果。

秉着寓教于乐的思想与原则实施乒乓球教学方法,不能刻意弱化技术教学难度,或者直接不教有难度的技术,这些方法都是不负责任的表现,不能为了娱乐而娱乐,寓教于乐最终也是要服务教学效果和教学目标的。因此,乒乓球教师要善于开发与设计一些娱乐性的教学方式,如游戏教学法、比赛教学法等,在能够引起学生兴趣的氛围中激发其主观能动性,使其通过参与乒乓球游戏与比赛而掌握乒乓球技战术,形成良好的竞争与合作意识,而且也能在娱乐化的教学中培养学生的体育道德与体育精神。

(三)注重对教学内容的分解及对教学方案的精简

在高校乒乓球课程教学中,乒乓球技术是主要教学内容,培养学生的乒乓球技术能力是主要教学目标之一,是运动技能领域教学目标的重要体现。为了达到这一目标,乒乓球教师要将不同难度的乒乓球技术进行分类,然后根据各类技术内容的特征与难度来制定相应的教学方案,使学生逐步掌握由低到高不同难度的乒乓球技术,在各个阶段的学习中以相应的教学方案为指导,有方向有目的地学习。此外,分解教学内容还要注意对难度技术的分解教学,简化难度技术动作,以便于学生掌握。

不同学生的认知能力、思维能力、身体活动能力以及乒乓球运动基础都是有一定差异的,因此高校乒乓球教师要适当精简教学方案,针对不同水平的学生制定不同的方案,不管是教学目标还是教学方案,都要体现出层次性,以科学指导不同水平不同层次学生的学习,使所有学生都能在自己所在水平的基础上有所进步,上升到更高的层次与水平。

第五章　高校乒乓球课程组织与评价优化

高校乒乓球课程的顺利开展与建设情况,不仅涉及多元的教学理论、教学内容资源、教学方法,还涉及教学的组织与评价,这也是高校乒乓球课程教学的重要组成部分,是不可或缺的。从某种意义上来说,教学组织与评价的状况也会影响课程教学的总体情况,因此,优化高校乒乓球课程教学组织与评价就显得尤为重要。本章主要对高校乒乓球课程教学的组织方法、教学评价手段、教师教学与学生学习的评价方法,以及优化高校乒乓球课程教学评价的策略进行分析和阐述。

第一节　高校乒乓球课程教学组织方法

一、高校乒乓球课程教学组织方法的重要性

在高校乒乓球课程教学活动中,体育教师与学生为实现体育教学目标采用的各种结合方式,就是所谓的教学组织方法。

在高校乒乓球课程教学活动中,教学组织方法有下述显著特点:①教师和学生都按照相应的教学程序从事教学活动,集体上课或小组学习;②教师和学生的活动都会受到相应的时间限制;③教师和学生在乒乓球课程教学活动中结成一定的"搭配"关系,他们之间会直接或间接地相互作用。

教学组织方法在高校乒乓球课程教学中的重要性,主要体现在以下几方面。

(一)是体育教学目标和教学内容得以实现的保证

对于高校乒乓球课程教学来说,其教学目标的达成、教学过程的实施、教学原则的体现、教学方法的运用等,最终都要综合、集结、具体落实

到一定的教学组织方法上去,要以各种各样的结构方式组织起来开展活动,并表现为一定的时间序列,发挥其集合作用。

可以说,教学组织方法是高校乒乓球课程教学的具体落脚点,带有综合、集结的性质。教学组织方法的科学、合理与否,会在高校乒乓球课程教学活动的开展和效果上有直接的体现。

(二)有助于使大部分学生的学习质量有所提升

高校乒乓球课程教学组织方法,能够将教学中的教师教和学生学有机联系起来,教学组织方法的研究内容也较为广泛,主要有三个方面:一是如何将教师和学生组织起来;二是教学时间和空间的安排及其科学分配;三是教学的内容、规律、原则、方法如何更好地组织起来并发挥作用。

对高校乒乓球课程教学组织方法进行研究具有非常重要的现实意义,主要表现为,合理地确定高校乒乓球课程教学中教师与学生的人员组合,科学地安排教学活动的组织顺序,可以充分利用有限的场地、器材、设备,尤其在物质条件不充足的条件下,更要周密安排,从而将课程教学系统的功能充分发挥出来,提高学生的学习质量。

(三)有助于学生的个性、情感的培养与发展

从某种意义上说,高校乒乓球课程教学组织方法,能够将学校中师生之间以及学生相互之间的交往方式反映出来。这种方式对学生的个性、情感和学习态度等会产生重要的影响。如在班级教学条件下,有助于培养学生良好的人际关系,形成健全的个性品质。采用合理的教学组织方法,对于课程教学活动的多样化是有利的,同时,还能为解决因材施教的问题提供便利,促使学生的兴趣、能力、特长、个性得到更好的发展。

二、高校乒乓球课程教学组织方法的主要类型

在高校乒乓球课程教学活动中,教师与学生之间、学生与学生之间的交流所用到的组织方法有很多种,其在课内教学和课外教学中都会涉及。

(一)班级教学

班级教学,也被称为全班教学,是目前我国普遍采用的一种教学形式。具体来说,班级教学的教学组织方法,就是通过教师讲授、示范、演示

等方法向一个班集体传递教学信息。全校把学生按年龄、学业程度编成班级,使每一个班有固定的学生和课程、统一的教学内容和进度,全班学生按照固定的教学时间表接受同一位教师的指导。

通常,班级教学的组织方法又可以分为几种不同的形式,具体如下。

1. 行政班

这种形式的教学组织方法是当前高校乒乓球课程班级教学用到的主要形式。在一个行政班进行高校乒乓球课程教学时,可采用分小班或分组的方法。目前,我国比较正规的行政编班建制是 40～50 人为一个班。但是由于各种原因,现在许多学校班级人满为患,很多学校的行政班人数都远远超出了这个标准,这就给体育教师有效实施课堂教学和区别对待带来了较大的困难。

2. 男女分班或合班

男女生合班(单班)教学,就是将同年级两个班的男女生合并成一个男生班和一个女生班,分别由两位教师执教男生班和女生班。

在传统的体育教学中,有条件的高校还是会采用男女生分班上课这种方法的,原因是在高校学生时期,男女生的各方面差异越来越显著。为了方便教师的教学,通常的做法是将两个平行班放在一起排课,然后男生由一位老师上课,女生则由另一位老师上课。这种教学组织方法也会被应用于高校乒乓球课程教学过程中。

3. 按兴趣爱好分班

按兴趣爱好分班,实际上涉及学生主体性发挥的问题,树立了"以学生为主体"的思想,站在学生的进步和发展的立场,我们应该充分考虑到学生的学习兴趣和爱好。如果让学生学习自己不喜欢的内容,即使他们在学,也不会是专心地学、认真地学,不仅不会取得理想的教学效果,也不会形成终身运动的好习惯。因此,尊重学生兴趣和爱好的分班教学是高校乒乓球课程教学中非常重要的组织方法,是需要大力提倡的。

4. 小班化教学

小班化教学是当今世界学校教育的发展趋势。研究发现,实践性课堂人数以控制在 20～30 人为好,这能使教师对每一个学生的操作情况都能有所关注。一般来说,教学的质量与学生的人数成反比,学生越少,教师对每一位学生进行辅导与关注的程度就会越大。高校乒乓球课是一门实践性很强的课程,其教学效果与上课人数也有着密切的关系。但是调查发现,由于我国国情,高校乒乓球教学学生超过50人的大班现象普遍存在,班级小型化还具有很大难度。

（二）分组教学

由于分组教学能够将因材施教、区别对待的原则体现出来,也比较容易将学生骨干的作用发挥出来,因此,无论上课时学生人数的多少,分组教学都是一种必要的教学组织方法。

分组教学依据的标准有很多,其中较为主要的有这些:同一学习内容采用何种教学方法和媒介手段;达到某一教学目标的若干教学过程在什么范围(量)上、按什么样的要求(质)、通过什么样的学习方式来实现;如何变换学习目标;学生的年龄、性别、宗教属性;学生学习的能力、天赋、兴趣爱好。

目前欧美国家流行的分组教学有两大类,即内部分组和外部分组,从中分化出多种多样的分组方法。图5-1所示为当前流行的一种分组教学体系。

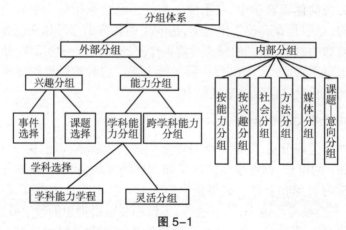

图5-1

教师在高校乒乓球课程组织教学中经常会采用分组教学。目前,在体育教学改革中,面临的亟需解决的问题,就是如何合理进行分组,使课堂教学生动活泼,充满竞争和欢笑,并能充分发挥学生的主体作用,激发学生学习潜能,摆脱过去那种生硬呆板、简单而笼统的分组轮换所带来的沉闷消极的心理空间和课堂氛围。

分组教学将追求高效益,优化课堂教学结构是追求的主要目标。因此,这就要求分组教学必须从教材内容、场地器材等客观条件出发,尤其要与学生实际相结合来进行分组,过多或者过于频繁的分组轮换对课程教学反而会产生不利的影响,要加以注意。

另外,分组教学并不是固定死板的,要保证其灵活性。在明确教师主导地位的前提下,分组教学要充分体现出学生的主体性,使学生在分组形式方面有较大的选择自主权。

1. 随机分组

随机分组,就是按照某种特定的方法或标志,将学生随机分成若干组。

随机分组的公平性特征还是较为显著的,其通常会用于竞赛、游戏时。简单迅速是随机分组的优点,同时,其也有一定的缺点,即将学生在爱好、能力上的差异作为考量的因素,没有将区别对待的教学原则充分体现出来。

2. 同质分组

同质分组,就是指分组后同一个小组内的学生在体能和运动技能上能够保持大致相同。

这种分组的形式,能够增强活动的竞争性,符合学生争强好胜的性格,提高学生参与活动的积极性和兴趣;但是同时,其易在学生中形成等级观念和弱势人群的自卑感等。

3. 异质分组

异质分组,就是指分组后同一小组内的学生在体能和运动技能方面均存在差异,各组之间在整体实力上差异不大。

相较于随机分组来说,异质分组的特殊性在于,其是人为地将不同体能和运动技能水平的学生分成一组,或以某种特别的需要为依据来对"异质"进行分组。由此,能达到缩小各小组之间的差异的目的。

4. 合作型分组

合作学习是高校乒乓球课程和教学研究非常强调的一种学习方法,目前,在体育教学中运用合作学习的模式已经成为探索的重要课题之一了。实际上,高校乒乓球课程教学中,相较于其他课程来说,学生合作学习的机会是比较多的,这主要取决于高校乒乓球课程教学活动的特性。强调合作学习的关键在于,考虑在什么情境中、在什么时候采用合作学习或单个练习。

5. 帮教型分组

合作型分组所强调的是参与者之间平等的关系,他们之间是一种互为依赖的关系。但是并不是所有的情况都适用于合作型分组的。比如,有时候要以课程教学需要为依据,组织部分学生直接对其他学生进行帮助,这就形成了帮教型分组。采用帮教型分组进行课程教学所取得的教学效果,相较于体育教师一个人对众多的学生进行指导要好很多。

6. 友伴型分组

一般的,在高校乒乓球课程教学活动中,如果让学生自己分组,大多数学生会选择与自己关系较为密切的同学在一起进行练习,这就是友伴型分组。

(三)个别教学

个别教学,通常就是指体育教师因人而异地对学生的学习进行指导。个别教学在高校乒乓球课程教学中也有所应用。个别教学的优、缺点如下:

(1)优点:体育教师可按照每个学生的特点来进行区别指导。每个学生也可根据自己的实际情况掌握自身对乒乓球的学习进度。程度各异的学生都能够按自己的能力选择相应的学习内容,让每个学生都能最大限度地获得学习效益,同时,这一组织方法对于体能较差的学生来说是非常友好的。总的来说,有利于因材施教,是个别教学的最大优点。

(2)缺点:一个体育教师所面对的学生是非常少数的,很不经济,而学生只限于和体育教师单一的交往,没有与同伴竞争与合作的机会,长期采用这一教学组织方法,会对师生之间和学生之间的相互作用产生不利影响,同时,也不利于学生的身心发展。此外,如果学生缺乏应有的自觉性,也会对正常的乒乓球课程教学进度造成一定影响。

(四)复式教学

复式教学与单式教学是相对而言的。所谓的单式教学,就是在班级教学中,教师在同一地点,用同一教材,对同一年级的学生进行教学。复式教学则是教师在同一教学地点,在同一节课上,用不同教材,分别对不同年级的学生进行教学。

复式教学是班级教学、小组教学和个别教学相结合形成的一种变式。它一般在我国农村的学校体育教学中采用,由于同一年龄、学习水平和身体发展相近的学生人数较少,教师人数有限,因而采取将两个或两个以上

第五章　高校乒乓球课程组织与评价优化

年级的学生共同组成一个班级,由一位教师进行教学。① 尽管复式教学要兼顾几个年级,教学管理难,但对于培养和锻炼学生自我锻炼、自我控制、自我管理等能力是非常有利的。只要正确地加以组织,合理编班,注意培训,发挥小组长的作用,用复式教学所取得的教学效果也是会比较理想的。

三、高校乒乓球课程教学组织方法的科学选择

上面对高校乒乓球课程教学组织方法的各个类型和具体形式进行了详细的分析,可以得知,不同教学组织方法的特点是不同的,适用的范围也不同,因此,为了保证教学效果,需要对这些教学组织方法进行选择并加以应用,具体来说,要遵循以下几个选择的原则。

(一)灵活性

高校乒乓球课程教学的模式并不是固定不变的,而是要以课程教学内容和课的任务与要求、人数、性别等情况为依据,来灵活地运用各种教学组织方法,把课上得有声有色。

(二)合理性

高校乒乓球课程教学中,学生只有经过反复的身体练习,才能建立动力定型,掌握运动技能,提高健康水平,这是其主要特点所在。为增加学生的练习时间和次数,教师必须了解乒乓球运动场地器材的实际情况。以教材的多少为依据选择最佳的教学组织方法,使教材的利用率达到最佳。另外还要注意,乒乓球场地布置要合理,器材的摆放位置要在不相互影响练习的前提下尽量靠近,以减少队伍的调动。

(三)针对性

高校乒乓球课程教学中使用的器材并不是一成不变的,对场地器材的要求也各不相同;学段不同,年龄、生理特点的不同,对组织工作的要求也不同。因此,在选择高校乒乓球课程教学组织方法时,要以不同学段、不同性别、不同年龄的对象为依据,来进行针对性的选择,做到区别对待。

---

① 佟晓东,刘轶.体育教学设计与实践[M].沈阳:东北大学出版社,2009.

(四)严密性

通常,高校乒乓球课程教学都会采用班集体授课制度。由于目前我国大部分教学班级学生人数偏多,所以教学组织必须严密、有序、有条不紊。严密的教学组织也能使伤害事故的发生得到有效避免或者减少。

第二节 常见乒乓球课程教学评价手段

一、高校乒乓球课程教学评价的传统手段

高校乒乓球课程教学评价可以采用的手段有很多,其中,运用较为广泛的传统评价手段有观察法、问卷法以及测验法这几种,每一种评价手段的特点和适用情况都是各不相同的,因此,在选择和应用时要有针对性。

(一)观察法

观察法,是一种以观察为主要手段的方法,其中加入了评价者的目的性和计划性,其主要目的在于对评价资料的搜集。

在高校乒乓球课堂教学评价中,观察法有着非常显著的作用和价值。主要表现为:能有效获取信息,能有效搜集学生教师个体心理活动状态资料。

除此之外,相较于其他间接方法,观察法的优势还在于,其在学生运动素质评价及教师教学评价中能够直接观察搜集资料,因此,评价者的重视程度是非常高的。

(二)问卷法

问卷法,就是以书面的形式来将被调查者的相关意见反映出来的方法。这一评价手段在高校乒乓球课程教学评价的应用是比较广泛的。问卷法的诸多鲜明特点是其他方法所不能比拟的,主要体现在三个方面:具有参加人员的隐蔽性,问卷发放具有取样的广泛性,具有时间范围的可调节性。

(三)测验法

测验法,就是通过考试、技评和达标等形式,搜集学生的体育学习反应、学习行为的综合结果。可以说,测验法是获取体育教学信息的工具与途径,其具有显著的组织性、计划性、针对性和定量化特点。

1. 乒乓球理论知识测验

高校乒乓球课程教学中涉及的理论知识有很多,比如,乒乓球的基本知识、运动技术原理、基本技术、竞赛规则、卫生保健知识等。要对乒乓球相关的理论知识进行测验,需要把握住其重点。一般来说,常用的测验方式主要为笔试、口试等。

2. 身体素质测验

在高校乒乓球课程教学过程中进行身体素质的测验,意义重大,主要表现为,通过测验,对学生的身体素质状况有一定的了解,然后将这些信息反馈于课程教学,从而为乒乓球课程教学的改进提供科学的依据,通常,客观测验是主要的形式。

3. 运动技术测验

学生进行乒乓球课程的学习,就要熟练掌握乒乓球的相关技能,然后在此基础上进行乒乓球的专项运动,从而将其机能水平和运动水平有效地展示出来。一般的,测评运动技术的类型有两种:一种是以测量中获取的客观数据为准的客观测验,另一种则是对技术动作质量的技术评定。

4. 体育情感行为测验

情感行为包含着非常广泛的内容,其中,人的兴趣、动机、情趣、态度、价值观,以及个性和群体行为特征等都属于情感行为的范畴。人的情感行为会对乒乓球课程教学产生一定的影响,而乒乓球教学活动也对人的情感行为发生变化起到一定的作用。通常情况下,情感行为的测量工具为量表。

二、高校乒乓球课程教学评价的新兴手段

由于传统的教学评价工具大家比较熟悉,下述重点介绍与新的评价理念相适应的几种评价工具和方法。

（一）档案袋评价

档案袋中包含的学习材料是非常丰富的,比如,可以是录像带,可以是文章、图画、获奖证书等。典型档案袋的基本结构为:观察的信息资料群、作业实绩的标本群、考试信息群。

（二）研讨式评定

这种问题研讨需要一个巧妙的问题设计,一套配套的评价准则和评判规则。需要强调的是,该评定方法对教师有着非常高的要求。

目前,这种评定在评定学业成绩时是较为适用的,其还处于引进摸索阶段,在学生能力发展的评定方面的作用和借鉴意义还是比较显著的。

（三）学生表现展示型评定

表现展示评定通过学生实际演示某些结果来对其是有价值的加以说明,并由此来对学生已经掌握了这些结果加以证明。展示的内容通常是没有特殊要求的。

这一评价方式的主要特点为,是从关注结果开始的,这就要求学生在学习之初就要将自己的学习任务明确下来。

（四）概念地图评价

概念地图,实际上是思维可视化的绝佳认知工具和评价工具。对于学生来说,通过这一评价手段,能够沿着空间或时间纬度创建概念地图,以此来对概念间的关系加以识别、澄清和标识。

将这一评价手段应用于高校乒乓球课程教学实践中,教师可以和学生在进行"头脑风暴"的基础上共同"织"就概念地图。这一显示主题和有关子主题的"网"在学习活动的进行和评价方面意义重大,对于学生以具体和有意义的方式表征概念有积极帮助,能够对思维外化和学习反思起到积极的促进作用。除此之外,教师还可以对比学生所绘制的概念地图与理想的概念地图,从中将学生理解上的问题发现出来,同时,对学生的学习风格和思维习惯也会有所了解。

第三节 教师教学与学生学习的评价方法

一、对教师的教学评价方法

(一)对乒乓球教师专业素质的评价

1. 政治素质评价

政治素质主要包含思想道德修养、工作态度、教书育人、遵纪守法、参与民主管理、为人师表、良好的文明行为习惯等方面,这是所有的教师都必须具备的一项基本素质,也是教师素质评价中的重要内容之一。

2. 知识结构素质评价

对于乒乓球教师来说,知识结构素质通常包含乒乓球方面的专业知识、相关学科的基本常识、教育规律与学生身心发展的规律等。其会直接影响到高校乒乓球课程教学的质量。

3. 能力结构素质评价

乒乓球教师的能力素质包含的内容较为广泛,其中较为主要的有:完成乒乓球教学工作的能力;独立进行乒乓球教学活动的能力;正常教学的表达能力;教育与管理学生的能力;开发和运用乒乓球相关资源的能力;在发展乒乓球教学方面的创新能力等。

4. 身心素质评价

乒乓球教师在身体和心理方面的素质也要过硬。这是其从事乒乓球教学活动的基础和根本。一般来说,乒乓球教师身心素质评价涉及以下两方面。

(1)乒乓球教师的身体素质:教师的运动能力,教师在乒乓球专项技术领域的能力。

(2)乒乓球教师的心理素质:教师是否具有敏锐、细致的观察力,是否具有敏捷、缜密的思维,是否具有丰富的情感等。

5. 自身发展素质评价

乒乓球教师自身发展的素质评价主要涉及接受新理论、新技术和新方法的能力,善于不断地学习和进步的能力,教学发展的潜能,自觉寻求发展的能力,自学提高的能力,以及教学研究与教学改革的能力。

(二)学生对乒乓球教师课堂教学的评价

在高校乒乓球课程教学中,学生是乒乓球教师的直接教授对象,其对教师乒乓球课堂教学的评价具有重要的参考价值。

对乒乓球教师课堂教学的评价内容主要涉及教育教学思想、贯彻乒乓球课程标准、教学内容、教学方法与教学手段、教学技能以及教学效果等方面。学生对教师乒乓球课堂教学的评价具有显著的全面性和可靠性特点。

除此之外,学生点评在高校乒乓球课程教学过程中也是非常有效的评价方法,其能够使学生参与到教师的乒乓球课堂教学的评价中。可以说,这是学生过程性评价的重要体现。

(三)领导对乒乓球教师课堂教学的评价

学校领导对乒乓球教师课堂教学的评价的权威性是非常高的,评价结果将会直接影响到被评价的乒乓球教师的地位和声誉,可以将其理解为是一种实质性的评价,必须严肃认真地对待。

需要强调的是,领导通常不是乒乓球专业出身的专业体育教师,因此,在一些教学的具体细节方面,领导的了解程度是比较低的,因此,这种方法具有一定的局限性,即对于单独对乒乓球教师课堂进行评价是不适用的,通常需要与同行评价、教师的自我评价和学生评价结合起来加以应用。

二、乒乓球学生学习评价

(一)学生学习行为的评价

在高校乒乓球课程教学活动中,学生是乒乓球课程教学的对象和主体,课程教学效果大都可以从学生的学习行为上体现出来。在课堂教学中,学生的学习行为总是处在一个动态的变化过程之中的。这些动态的变化往往与乒乓球教师的教学行为有着重要的联系。乒乓球教师积极有效的教学行为会引发学生相似的学习行为,而缺乏影响力的教学行为在引起学生积极的学习行为方面所产生的效果是非常不理想的。

在高校乒乓球课程教学中,对学生学习行为的评价主要涉及对学生课上学习行为和对学生课外学习行为这两个方面的评价,具体在实际应用时,要将两者结合起来进行。

1. 对学生课上学习行为的评价

对学生课上学习行为的评价主要涉及对学生听讲、示范的态度、身体练习的投入程度、练习所达到的效果,是否努力实现自我超越等动态行为,以及对乒乓球的认识、乒乓球技战术知识与运用能力、乒乓球技能水平与运用情况、科学训练的方法、有关乒乓球知识的掌握与运用、乒乓球学习过程中的情意表现与合作精神等方面。

2. 对学生课外学习行为的评价

对学生课外学习行为的评价主要涉及对学生是否能够运用所学的乒乓球知识与乒乓球技能来进行自觉的运动训练等方面。在高校乒乓球课程教学中评价学生的学习成绩,采用的是绝对标准与相对标准相结合的评价方法,而在对学生的乒乓球运动技能进行评定时,采用的是定量评定与定性评定相结合的方法;除此之外,还有等级评定、评语式评定等评价方式。评定学生的乒乓球学习成绩时,在重视乒乓球教师参与的同时,还应重视学生的自我评价和相互评价。了解这些信息,对于改进学生的学习行为,进一步提高高校乒乓球课程教学的质量和效果都是有所帮助的。

(二)学生学习质量的评价

学习质量,是评价学生乒乓球学习情况的一个重要方面。对学生学习质量进行评价时,所选择的评价方法必须是科学的、合理的、实践性强的。通常情况下,定量评价与定性评价相结合的方法是最为常用的。但是,对学生学习质量的评价,会根据具体情况选用不同的评价方法。

1. 知识技能的评价

高校学生乒乓球知识技能的评价内容涉及:对乒乓球运动的认识;掌握乒乓球的相关知识并运用于实践的情况;掌握乒乓球课学习目标要求的运动技能与运用于实践的情况。这方面评价所用到的评价方法通常为定量评价法。

2. 身体素质的评价

高校乒乓球课程教学中,对学生身体素质的评价是一个非常重要的学习内容。学生身体素质的评价在对学生学习质量评价中是非常重要的,在对学生身体素质评价时,一定要对学生学习成绩与身体健康之间的关系高度重视。对学生身体素质进行评价主要用到定量评价法。

3. 学习态度的评价

学生对待乒乓球课程学习的态度应是对乒乓球课程学习成绩进行评价的重要内容。一般地,对学生乒乓球学习态度的评价则要用到定性评价法。

除此之外,对学生情意表现与合作精神进行评价主要会用到定性评价法。

(三)教师对学生学习过程的评价

教师对学生学习过程的评价,是高校乒乓球课程教学评价中所用到的较为传统的评价方式。过程性评价也被称为形成性评价,其主要目的在于及时了解情况,明确活动运行中存在的问题,及时修改或调整活动计划,从而获得更加理想的教学效果。需要强调的是,这是一种即时性评价。

过程性评价的内容、方法和手段见表5-1。

表5-1 教师对学生乒乓球学习过程中的评价

评价内容	学生的行为态度、乒乓球知识、行为能力、学习目标、参与程度、拼搏精神和学习效果等
评价方法	表扬、批评、激发、抑制
评价手段	口头指示、眼神、手势、简短评语、技能小测验、问卷等

过程性评价主要依赖于观察的方法,当然,其也能采用小测验、小测试、小考试等方法,这对乒乓球知识和运动素质的评价是十分重要的。

(四)学生自评和互评

学生对学习过程的评价属于自我评价,其具体有自评和互评两种方式。其中,学生自评是指学生对自己的学习态度、乒乓球运动技能、情意表现、运动参与以及合作意识等所进行的综合评价,其具有"自省"的作用,能够有效促进他们自我认识与自我教育的意识和能力提高的顺利实现。通过自我评价,学生能对个人达到目标的程度有充分的认识,同时,在确定评价标准,判断自己的优势与进步方面也有积极的促进作用。

学生自我评价的内容、方法和手段见表5-2。

表 5-2　乒乓球学生自我评价的内容、方法和手段

评价内容	学习目标、参与程度、学习效果以及拼搏精神
评价方法	自评、自省、自我暗示、自我反馈
评价手段	目标的回顾、成绩前后对比、学习卡片、行为的检点

第四节　高校乒乓球课程教学评价优化策略

当前,高校乒乓球课程教学评价已经普遍实施,然而,目前这一评价体系还不够完善,需要进一步地改进和优化。具体来说,可以从以下几个方面着手。

一、做好评价体制改革工作,提高评价的全面性

在传统的乒乓球课程教学模式中,评价是教师的"专利",学生通常只是被评价的对象,这就将学生的主体性地位忽略了。学生也是有评价的权利的。作为主导者,教师需要对学生的各个方面的学习情况进行充分了解,并进行多种针对性的评价活动,从而将学生学习乒乓球的积极性充分调动起来,顺利实现乒乓球课程教学目标。

随着"水平目标"的设立,教师每个阶段的教学任务也都会有相应的一些变化,鉴于此,高校乒乓球课程教学的内容选择,方式、方法的应用等方面也都会相应地有一些发展和变化,因此,这就要求在高校乒乓球课程教学中设置评价内容时,首先要确定应遵循的各个领域的依据,即身体健康、心理健康、运动技能、运动参与、社会适应这几个方面,从而使高校乒乓球课程教学评价的客观性和科学性有所保证。

二、促使评价主体与客体共同得到发展

(一)评价主体的发展

高校乒乓球课程教学评价的主体已经从以往对教师与学生的评价,逐渐演变为对教师、学生、家长、校方和社会团体等的评价,实现了评价的单一性向多元化的转变。这就要求在进行高校乒乓球课程教学评价时,一定要保持评价主体的多维性,这样才能使高校乒乓球课程教学评价结

果的全面性和准确性得到保证。

(二) 评价客体的发展

进行高校乒乓球课程评价的主要目的就在于通过全面的评价,将教学过程中所存在的问题找出来,并针对性地提出能够解决问题的指导意见,最终达到提高高校乒乓球课程教学质量的目的。但是,由于学生之间是有一定的差异性存在的,这也就决定了被评价的对象之间的差异性也是存在的,这种情况就很难通过统一的评价标准来进行衡量。以往的高校乒乓球课程教学评价过程中,这方面往往是被忽视的,长此以往会使学生对乒乓球课程学习失去兴趣。因此,在高校乒乓球课程教学评价过程中,一定要对评价客体的多维性特点加以注意。

三、使学生评价标准逐渐趋于多样化和综合化

在高校乒乓球课程教学中,有些学生的先天条件比较好,即使不积极锻炼,也能够在测试中取得理想的成绩,这种现象是较为常见的。但是,对于那些先天条件较差而积极进行乒乓球运动锻炼的学生来说,这种现象是不公平的,这就会影响他们学习和参与乒乓球运动的积极性和主动性。因此,这就要求一定要通过相应的方式和途径来不断丰富和充实以往单一的评价标准,使其逐渐趋于多样化和综合化。在确定高校乒乓球课程的成绩时,也要进行综合的考虑,以课程改革评价精神为依据,对新的多样化和综合化的乒乓球课程教学评价标准进行充分的运用。

四、建立人性化、多元化的教学评价模式

对于传统的体育教学评价来说,其通常采用的都是单一的教学评价模式,主要以上级对下级的主观评价为主,采用结果式和量化式的评价方式,很难对评价对象作出真实、科学的评价。这在高校乒乓球课程教学中也经常应用。因此,为了改变这种单一且片面化的教学评价模式,就必须建立一个人性化、多元化的评价模式,这是非常重要且必要的。

五、对各种评价方法进行综合运用

体育教学评价是在不断的发展中逐步改进和完善的,这对于高校乒乓球课程教学评价来说也是如此。之前,高校乒乓球课程教学评价通常

第五章 高校乒乓球课程组织与评价优化

是较为片面的,往往只评价学生的学习结果,将学生乒乓球运动的最终成绩作为关注的唯一重点,这就导致了对学生学习过程的评价被忽略掉。这种片面的评价方式对于评价的有效反馈功能的发挥并无益处,这也就影响到了其在其他方面的意义。因此,在高校乒乓球课程教学过程中直接评价学生的"练习过程"也是非常重要的。

六、建立健全评价反馈机制和保障机制

一个健全的评价反馈机制对体育教学活动的顺利开展来说可谓意义重大,因此,在高校乒乓球课程教学评价过程中,也需要建立一个健全的评价反馈机制。

从某种意义上来说,评价反馈机制是否健全,会直接影响到该评价系统是否能够得到有效控制。要做到这一点,需要建立多条反馈渠道。

(1)能够使评价主体及时收集到有效评价信息得到充分应用。

(2)能够使以往在学期结束之后的反馈得到一定程度的改变,实行学习中的反馈。

(3)能够有效丰富和充实评价反馈的内容。

除此之外,高校乒乓球课程教学评价反馈机制监督机构的建立也有着重要意义,因为其主要职能在于有效监督体育教学评价反馈情况,从而使评价反馈机制的有效运行得到保证。

还有,评价的规章制度的主要目的在于对全校师生及相关工作人员在评价中的行为加以约束,因此,对于学校相关部门来说,要总结评价经验,深入调查听取广大师生的建议,将相关的切实可行的评价条例规章制度建立起来。另外,加大对规章制度的执行力度也是值得关注的重要方面。[1]

---

[1] 胡茂全.江苏省普通高等学校体育教学评价的研究[D].南京:南京师范大学,2011.

第六章　高校乒乓球技术教学与实战技巧

乒乓球运动是隔网对抗类运动项目,其制胜的核心因素是乒乓球技术和战术,而技术又是战术的基础,因此在高校乒乓球教学中要特别重视技术教学。为全面提高大学生的乒乓球技术素养,并为乒乓球战术教学打好基础,本章主要介绍乒乓球技术原理、基本技术、组合技术以及技术的实战运用技巧,使学生深入理解乒乓球技术原理,熟练掌握乒乓球技术,并在实战中灵活运用各项技术来取得胜利。

第一节　学习和掌握乒乓球技术原理

一、乒乓球击球技术的结构解析

完整的乒乓球击球技术包括图 6-1 所示的几个环节,其构成了完整的乒乓球击球技术。

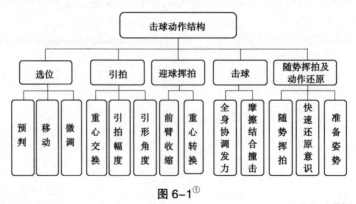

图 6-1[①]

---

① 兰彤.乒乓球正手击球技术原理阐释[J].体育研究与教育,2016,31(3):75-81.

第六章　高校乒乓球技术教学与实战技巧

（一）选位

乒乓球击球技术中，最开始的阶段是选位，运动员在对适宜的击球位置加以选择的时候，要先明确自己即将采用什么击球方式，所选的位置要为接下来的击球提供方便。

乒乓球比赛是一个动态过程，场上瞬息万变，因此乒乓球运动员的位置并不是固定的，即使最初已经选好了击球位置，在比赛中还是要根据来球的变化而调整位置的，这就对乒乓球运动员预判来球的能力提出了一定的要求，预判的内容包括来球的速度、旋转性质以及落点。预判后根据需要快速移动来改变击球位置，然后在最佳位置上采用最佳击球方式。

（二）引拍

选好击球位置后，接下来的环节就是击球准备动作——引拍。引拍是否合理，直接关系到能量储备是否充足，功能性准备是否已经做好，只有能量充足，做好充分的功能性准备，才能更好地为之后的正式击球提供便利，提高击球质量。因此，合理引拍非常关键。引拍时要特别注意角度与幅度两个因素，它们直接关系到是否能够有效击球和击球质量是否理想的问题。在乒乓球比赛中，运动员的身体重心是不断变化的，这会对引拍动作起到控制效果。

（三）迎球挥拍

引拍动作完成后，手臂固定在一定位置，从这时起到球拍将来球击中为止的过程就是迎球挥拍。这个动作阶段的核心是运动员持拍手前臂快速收缩，为了使挥拍更加稳定，提高挥拍质量，运动员还需要根据来球情况调整身体重心。

（四）击球

击球技术的整个结构体系中，核心环节便是球拍触球回击。选位、引拍、挥拍都是击球的准备工作，都是为了高质量地完成击球的动作。乒乓球运动员通常选用的触球方式既有摩擦也有撞击，而且在击球时身体各部位协同配合，共同发力，这有效促进了击球稳定性和质量的提升。

（五）随势挥拍及动作还原

在击球技术的完整过程中,最后的阶段就是随势挥拍和动作还原。

随势挥拍:这个动作直接关系到击球弧线的形成,完整的击球动作必须要有这个环节,完成好这个动作有助于有效实现预期的击球效果。

动作还原:这是保障击球连续性的必要动作,只有先还原身体重心和击球动作,重新调整准备姿势,才能更好地完成接下来的击球。

二、乒乓球技术的要点

（一）力量

在乒乓球运动中,击球力量是击球速度和球在空中旋转的基础,球在空中的飞行速度和旋转又直接反映出击球力量的大小。运动员运用球拍对球体施加力量后,球的运动方向、飞行速度发生了改变。从物理学的角度来看,球拍质量与挥拍加速度二者之积就是击球力量。提高挥拍加速度是增加击球力量的重要方法。

（二）速度

乒乓球运动的击球速度主要由以下两种因素决定。

（1）还击来球的时间。在击球力量一定时,还击来球时间的长短直接影响击球速度。二者成反比,即这部分时间越短,速度越快,这就是运动员通过打球的上升期来加快速度的原因。

（2）击球后球的空中飞行时间,它与击球速度成反比,即这段时间越短,击球速度越快,这就是乒乓球运动员击球时加大击球力量以缩短球的飞行时间,从而加快速度的原因。

（三）旋转

球产生旋转的基本原因在于摩擦力,即球拍触球后产生的与拍面平行的力。球还有一种运动状态是平动,而球平动的基本原因在于前进力,也就是球拍触球后产生的与拍面垂直的力。前进力和摩擦力是击球时作用力的两个分解力量,它们的产生与力臂有关,也就是击球时力的作用线与球心的垂直距离。力的作用线与球心之间有距离,说明作用线并没有通过球心,而如果通过球心,就不会产生力臂,也就不会产生旋转。

（四）弧线

乒乓球运动中，球的飞行弧线主要受以下两种因素的影响。

（1）球的出手角度，它指球飞行弧线的切线与水平面的夹角。击球时的拍面角度、发力情况、来球旋转情况都会影响球的出手角度。

（2）球的出手速度，它是指球离开球拍时的瞬时速度。乒乓球运动员的击球力量决定了球的出手速度。

以攻球为例来解释球的出手速度与出手角度对球飞行弧线的影响。球的出手角度不足45°时，出手速度与弧线曲度成反比，速度越大，曲度越小。球的出手速度固定不变时，出手角度与弧线曲度成正比，角度越大，曲度越大。

（五）落点

作为综合性概念的落点既是乒乓球技术的主要构成部分，也是乒乓球战术的构成因素，同时它也是上面四个要素的集中体现和综合反映。在乒乓球运动中，要通过控制落点来取得好的技术效果和战术效果，就要对力量、速度、旋转及弧线四个因素之间的关系进行综合处理。

第二节　乒乓球基本技术教学

一、握拍技术教学指导

（一）直握法（见图6-2）

以日式弧圈球握拍法为例。拇指紧贴拍柄左侧，食指扣住拍柄。正手拉球时，中指和无名指伸直，以第一指节握住球拍；反手推挡时，食指内扣得深一些，拇指放松。

（二）横握法（见图6-3）

中指、无名指和小指握住拍柄，拇指在球拍正面，食指在球拍反面，虎口轻贴球拍。正手攻球时，食指压拍，与中指控制拍形，共同传递击球力量，并利用食指制造弧线以辅助发力。

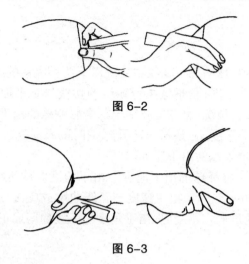

图 6-2

图 6-3

二、基本步法教学指导

（一）单步（见图 6-4）

以一脚为轴，另一脚向不同方向移动，身体重心也随之移动，最后都是移动脚支撑重心。

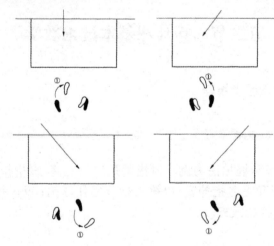

图 6-4

（二）跨步（见图 6-5）

一脚蹬地，另一脚向目标方向移一大步，蹬地脚随之移动半步，最终重心落在移动脚。

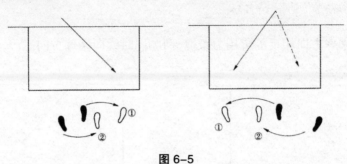

图 6-5

（三）并步（滑步）（见图 6-6）

一脚移动一小步并向另一只脚,落地后,另一脚立即向来球方向移一步。

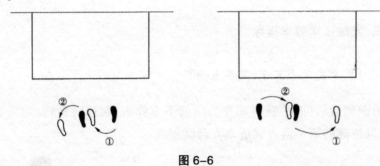

图 6-6

（四）交叉步（见图 6-7）

与来球方向相反的脚移动一步与另一脚交叉,落地后,另一脚立刻向来球方向移动。

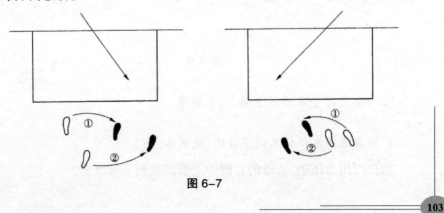

图 6-7

（五）跳步（见图6-8）

与来球方向相反的脚用力蹬地，两脚同时跳向来球方向。

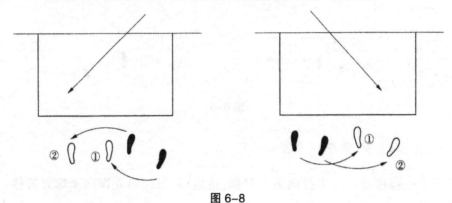

图6-8

三、发球技术教学指导

（一）反手发急下旋球（见图6-9）

拍面稍微后仰，手腕抖动发力向前下方弹击，触球时微转，增强下旋力，争取使球的第一落点靠近本方台区端线。

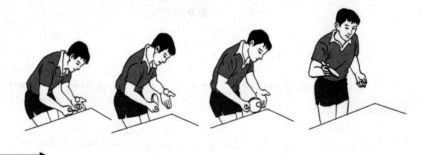

图6-9

（二）侧身正手发低抛左侧上、下旋球

1. 侧身正手发低抛左侧下旋球（见图6-10）

用拇指用力压拍，从球的右侧中下部向左侧下部摩擦。

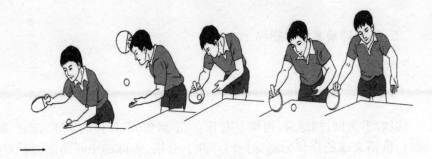

图 6-10

2. 侧身正手发低抛左侧上旋球（见图 6-11）

食指稍用力压拍，从球右侧中下部向左侧面摩擦球。

图 6-11

四、接发球技术教学指导

（1）接上旋球（奔球）：以正反手攻球、推挡等方式回击，将球的中上部作为击球点，调整向前的力。

（2）接下旋长球：通过搓、削、提拉等方式回击。

（3）接左侧上（下）旋球：以攻球、推挡等方式回击，将球的偏右中上（中下）部位作为击球点。

（4）接右侧上（下）旋球：以攻球、推挡等方式回击，将球的偏左中上（中下）部位作为击球点。

（5）接转与不转球：如果还未来得及判断或判断模糊，可轻轻托一板或撇一板，但要对弧线和落点进行重点观察。

（6）接高抛发球：如果球着台后拐弯程度大，注意提前向拐弯方向引拍。

五、推挡球技术教学指导

(一) 挡球

以右手为例,挡球时,两脚左右开立,击球前,前臂伸向来球方向。触球时,借助来球的反弹力将球挡回。在上升期,击球的中间部位,拍形与台面几乎垂直。击球后,快速收拍还原。

(二) 加力推(见图 6-12)

准备时,前臂向后收,调整拍形角度,在上升期后段或高点期击球中上部。击球时,固定好拍形,手腕不加转动。

图 6-12

(三) 推下旋(见图 6-13)

准备击球时,避免手腕外转,用拇指压拍,拍面稍后仰,在上升期后段击球的中下部位。推击时要适当增加向前和向下的力量。

图 6-13

六、攻球技术教学指导

下面主要分析两种正手攻球技术。

(一)正手扣杀(见图 6-14)

视来球长短调整站位,随腰部转动,手臂向后引拍,加大击球力量。手腕与手臂一起向前向下发力,击球中上部位。然后迅速还原。

图 6-14

(二)正手快带(见图 6-15)

左脚在前,右脚在后,身体稍向右转,持拍手向后引拍,手臂随腰和髋的转动迎前带击,手腕不动,以借力为主,在球的上升期击球的中部或中部偏右,击球后及时调整重心,并还原。

图 6-15

七、弧圈球技术教学指导

下面分析两种常见的正手弧圈球技术。

（一）正手高吊弧圈球（见图 6-16）

左脚在前，右脚在后。准备击球时，持拍手向后下方引拍，使拍形固定。即将触球时，手腕向前上方加力，腰部与下肢协调用力，在球的下降期摩擦球中部或中上部。击球后迅速还原，重心落在左脚。

图 6-16

（二）正手侧旋弧圈球（见图 6-17）

左脚在前，右脚在后。拍面略向右倾，在球的下降期，上臂带动前臂和手腕用球拍摩擦球的右中部或右中上部，击出右侧上旋。

图 6-17

八、搓球技术教学指导

以正手慢搓为例（见图 6-18）。

右脚在前，左脚在后，击球时，持拍手向前下方用力，在球的下降后期摩擦球的中下部。前臂在击球后保持不动。

图 6-18

九、削球技术教学指导

（一）削追身球（见图6-19）

来球在身体偏右侧时，向右上方引拍，在球的下降前期击球中部或中下部，前臂用力向下压球，控制球的弧线。击球后，手臂随挥并快速还原。

图6-19

（二）削突击球（见图6-20）

用单步或跳步后退并提拍上举，两眼目视来球，前臂协同身体重心向下用力，下切快截。手腕发力控制好拍形。

图6-20

第三节　乒乓球组合技术教学

一、手法步法的组合技术

（一）横向连续进攻

连续在横向位置上进攻3点，一般通过单步或小跳步移动。

(二)纵向连续进攻

连续在纵向上进攻,不断调整前后步法,手脚协调配合,一般通过单步、跨步移动。

二、发球抢攻组合技术

(一)发平击球结合正手攻球

为了给第二板攻球创造机会,可以发急球,要发出高质量的平击球,确保发球弧线低、平,速度急、快,使球的第一落点靠近本方球台端线。由于平击发球时,球在空中运行的弧线长、冲力大,所以对方很难以通过制造强下旋和强上旋回击,这有利于本方攻球。

(二)反手发下旋球结合正(反)手位拉球

反手发下旋球后,对方回球的落点在本方正(反)手位,采用单步或跨步的步法移动,拉斜线或直线球回击。

(三)反手发下旋球结合侧身拉球

反手发下旋球后,对方回球的落点在本方反手位,采用跨步或跳步的步法移动,侧身位拉斜线或直线弧圈球。

(四)正手侧身位发下旋球结合正手拉球

发下旋球时要转且稍出台,对方回略带下旋的球,回球的落点在本方正手位,采用跨步或小交叉步的步法移动,拉斜线或直线弧圈球来回击。

(五)正手侧身位发下旋球结合侧身拉球

发下旋球要转且稍出台,对方回略带下旋的球,回球的落点在本方反手位,采用跨步或跳步的步法移动,侧身位拉直线或斜线球以回击。

三、搓攻组合技术

（一）反手搓球结合正手拉（攻）球

这一组合技术包含反手近台下旋搓球、正手中近台拉（攻）球，不仅体现了正反手的结合，还体现了中台近台的结合，是比赛中比较常用的组合技术。步法直接影响技术结合运用的效果，只有步法到位，才能保证选择的击球点合适、击球姿势和手法正确。

搓球时，尽可能满足低（弧线）、转、短（落点）三点要求；拉球时，尽可能满足低（弧线）、长（落点）、强（旋转）基本要求。

（二）反手搓球结合侧身拉（攻）球

反手搓结合侧身拉（攻）时，采用跳步的步法，如果时间来得及，也可以采用并步。

当进攻有难度时，反手搓一板用来过渡，通过侧身拉（攻）来获得主动权。侧身拉（攻）时要让出足够的位置，同时要做好扑正手位空当的准备。

第四节　乒乓球实用技术实战技巧

一、实用发球技术实战技巧

以正手侧上、下旋发球为例。

（一）实战意识

（1）让对方对于来球是侧上旋球还是侧下旋球产生模糊判断，从而无法准确接球，出现失误。

（2）迫使对方回出质量较差的球，从而给自己制造机会。

（3）迫使对方在本方的预测内或按照本方的意图接发球，而本方可以打出自己擅长的球。

（4）防止对方获得主动权，这是正手侧上、下旋发球实战应用的最低要求。

(二)运用方式

1. 线路落点变化

在实战中要根据对手情况来决定采取什么发球方式以及如何运用所选的发球方式。下述分析在3种常见情况下如何完成正手侧上/下旋发球。

(1)若对方步法移动不及时、不灵活,考虑大角度发球,增加对方移动范围,使其移动不及时而出现失误(见图6-21之①②⑤)。

(2)若对方正手击球,且有较强的进攻性,则选用发短球的方式使对方的进攻受到限制(见图6-21之②③⑤)。

(3)若对方左手持拍,可以考虑朝对方正手大角度斜线发球(见图6-21之④)。

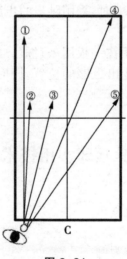

图6-21

2. 旋转变化

(1)若对方反手搓球或推拨球的技术水平不高,或推拨能力差,那么本方可向对方反手位发侧下旋球,迫使对方接球出界。

(2)如果对方正手挑打侧上旋压不住球,则主要采取的战略是发近网中路侧上旋短球,使对方挑打时出现球出界的现象。

(3)若对方接反手位发球、侧身抢攻上旋球的技术能力比较强,则本方可发侧下旋球,这样对方在侧身抢攻时容易出现击球下网的现象。

3. 速度变化

正手侧上、下旋发球的球速都比较快,向两个大角发长球的速度更快,采用这些发球方式可以将对方接台内球的节奏和习惯打破。发近网球时,虽然速度不太快,但因为角度大,对方移动范围大,所以给对方接球增加了难度。

在正手侧上、下旋发球中,要将弧线尽可能压得低一些,这样既能提高速度,又能使对方无法顺利实施上手挑打近网球的回击战术。

二、实用接发球技术实战技巧

以推(拨)接球技术为例。

(一)实战意识

(1)对来球情况进行准确判断,伺机果断实施具有速度优势的推(拨)接球技术。

(2)在实施推(拨)球技术时,要将接发球的线路和落点明确下来,旨在将对方控制住,为本方既定战术的实施提供便利,并尽可能达到直接得分的目的。

(二)运用方式

1. 接球

对来球性质进行判断,若来球非旋转球,可采用更具有主动性的推(拨)接球技术。不推时,立起球拍,避免前倾,推下旋接球时,动作向前偏向上。拨接时,球拍稍前倾,利用摩擦力控制弧线曲度。

面对对方发来的侧上旋球,对拍面方向进行调整,预防接球出界。若对方是正手发球,面向对方右方调节拍形,若对方是反手发球,则要面向对方左方调节拍形。对拍面方向进行调整时,注意球拍前倾的适宜性,以能够将弧线压住,且预防回球过高或出界为主。来球的旋转性能影响本方调整球拍的前倾角度,来球上旋程度和本方球拍前倾角度成正比,旋转越强,前倾角度越大,而且要适当多向前一些完成挥拍动作。

2. 回击

(1)线路落点变化。回击高质量的球,要树立变线和压大角的意识。

采用推（拨）接发球技术时，要对对方正反手的技术实力和其他情况进行综合判断与分析，从而做出推直线或推斜线大角的决定。若对方正手攻球实力较强，但步法不灵敏，而且对方在侧身位发球时正手位有较大空当的情况下，本方适宜推接直线球（见图 6-22）。

对对方的技术、站位、步法进行判断，只要有两个方面暴露缺陷，就可以通过调整线路、落点来打出高质量的回击球。

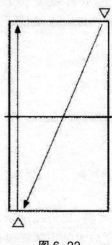

图 6-22

（2）速度变化。要干脆利落地完成推（拨）接球以体现出其速度优势。如果回击不够"突然"，那么失去速度优势的回击不会给对方带来威胁。

三、实用进攻技术实战技巧

（一）正手攻球技术

1. 实战意识

（1）不管是发球，还是接发球，都要控制好出球，提高速度，迫使对方的回球对自己来说是进攻的好机会。

（2）观察与了解对方的弱点，将专门攻克对方薄弱环节的技战术放到一个体系中，在实战中根据对方暴露出的缺陷从体系中选择适宜的技战术。

（3）坚持扬长避短的准则，尽可能将自己的特色与优势发挥出来，以自己擅长的正手攻球技术为主要进攻技术，其他技术为辅助进攻技术。以己之长攻彼之短。

2. 运用方法

（1）击球位置在左半台时，用推挡控制，寻找机会进行正手进攻。

（2）合理移动脚步，步法移动与击球动作要协调完成，左脚蹬地，右脚向侧方向大步跨出，同时引拍，右脚跟着地后挥拍击球。

（3）合理控制引拍幅度，移步时顺势转腰。打直线和打斜线时，击球点不一样，前者在身体侧面，后者在身体侧面偏前位置，而且击球时间也不一样，前者击球时间稍晚，后者稍提前。

（二）弧圈球技术

1. 实战意识

（1）弧圈球技术的优势在于旋转，要积极利用这类技术来创造良好的进攻机会。

（2）以弧圈球技术为进攻手段时，明确正手弧圈球、反手弧圈球的主体和辅助地位。

（3）合理衔接弧圈球技术和其他技术，根据需要综合运用不同进攻技术。

2. 运用方法

（1）选择弧圈技术打法时，用搓球技术对对方施加控制，从而迫使对方打出机会球。

（2）观察来球的旋转性质，及时移动脚步、转腰、引拍，一气呵成，并根据观察和判断来决定击球力量的大小，将引拍幅度控制好。如要力量大，通常转腰引拍幅度也大。

（3）并步时，挥拍拉球，抓紧时间将回接的线路确定下来。

（4）若对方侧身位进攻技术水平较差，本方以打搓拉战术为主，从而等待进攻机会。

（三）连续进攻组合技术

以正手拉球、扣杀的组合技术为例。

1. 实战意识

（1）正手拉球、扣杀的组合技术在速度上占优势，所以在实战中要发挥这一制胜优势。

（2）和旋转球对速度、落点的要求相比，拉球的要求更严格一些，即速度快,落点变化多,也就是说要求拉球要"突然"一些。

(3)高质量完成拉球、扣杀的组合技术,会给对方造成严重的打击,容易使对方回接球时表现不理想。

2.运用方法

(1)正手拉下旋时,击球位置离球台较近一些,所以不适合采用幅度过大的动作,要将拉出速度、控制进攻落点作为重点对待。

(2)若对方以防守为主,则寻找机会球,伺机正手扣杀。

(3)如果对方以削球为主,本方的拉球、扣杀组合技术就要连续使用了,而且为了迫使对方打出机会球,也可以将拉球、摆短结合起来运用。

第七章 高校乒乓球战术教学与实战技巧

乒乓球实战比赛中,对战术的合理运用是充分发挥技术作用的关键。在乒乓球教学与训练中,只有带着强烈的战术意识去学习与练习,才能真正将实用的技术熟练掌握好。乒乓球技术与战术密不可分,技术是战术的基础,反过来先进的战术也会促进技术水平的提高,因此在高校乒乓球课程教学中,要将战术教学重视起来,并将其与技术教学结合起来,以有效培养学生的技战术水平以及在实战中灵活运用技战术的技巧能力。本章主要就高校乒乓球战术教学与实战技巧展开研究,主要内容包括学习和掌握乒乓球战术原理、制定乒乓球战术需要考虑的因素、乒乓球单打战术和双打战术教学以及乒乓球战术意识与技巧的训练。

第一节 学习和掌握乒乓球战术原理

一、乒乓球战术的概念

乒乓球战术指的是乒乓球运动员在比赛中根据双方情况对自己的体能合理分配,将自身的特长技术充分发挥出来以制约对方,且以战胜对方为目的而采用的合理计策与有效行动的总和。[1]

二、乒乓球战术的内容

(一) 战术指导思想

在乒乓球战术结构内容体系中,指导思想居于核心地位,指导思想是

---

[1] 苏丕仁.乒乓球运动教程[M].北京:高等教育出版社,2004.

否正确,直接决定了战术行动的针对性与实效性是否很强,进而决定了比赛成绩。

(二)战术知识

战术知识包括战术的分类、表现形式、发展趋势、运用条件与实施原则等与战术有关的丰富知识,掌握好这些知识,能够为科学制定与有效实施战术方案奠定良好基础。

(三)战术意识

对乒乓球运动员来说,战术意识非常重要,只有具备较强的战术意识,运动员才能在变化莫测的复杂比赛环境中灵活应对,迅速调整自己的状态,实施对自己有利的战术行动。

(四)战术行动

战术行动指的是具体的打法、动作和一系列配合,要将战术方案落实到实战中,实现预期战术意图,必须付诸战术行动。乒乓球运动员的战术行动并不是盲目的,而是有特定目的的,为达到目的而采取战术行动,这对乒乓球运动员的心理素质、技术能力提出了较高的要求。

三、乒乓球战术的特征

(一)思维与行动的统一性

乒乓球战术既属于思维方法的范畴,也属于行为方法的范畴。作为思维方法的战术,它包括战术指导思想、战术意识、战术理念等内容。乒乓球运动员在实战中要实施某种战术方案,完成具体的战术行动,都要以战术指导思想为准则,战术方法的使用效果直接受到战术指导思想的影响。乒乓球比赛环境复杂多变,运动员既要将既定战术发挥出来,又要根据赛场情况灵活采取新战术,而运动员能否做到这一点,与其战术意识的强弱有关。乒乓球运动员的战术理念是否先进,决定了其在实战中采取战术行动的态度与决策。

简单来说,作为行为方法的战术主要包括各个比赛阶段中的具体打法和配合行动。

乒乓球战术既是思维方法,也是行为方法,二者有密切的关系,一般用"决策和实施决策"来解释这种关系。二者的关系在赛场上呈现出以下特征。

（1）乒乓球比赛瞬息万变，因此运动员必须快速形成相应的战术思维，战术行为也必须快速完成，这就是说要在瞬间完成决策并实施决策。

（2）乒乓球运动员在比赛中的决策并不是从众多决策中精心挑选出来的，因为比赛时间紧迫，不允许运动员进行长时间的思考与选择，他们最终的决策都是"只能这样"的唯一选择。

（3）乒乓球战术既具有逻辑性，又具有直觉性，虽然乒乓球运动员在比赛中选择战术都是瞬间的决定，但是在比赛之前就经过缜密的思考构建了战术体系，战术体系中每个战术都是运动员结合实战经验进行逻辑思考的结果。但如果比赛形势出乎意料，超出运动员的预测，运动员就会凭借直觉思维的引导而采取战术行动，这就是乒乓球战术的直觉性。乒乓球战术的直觉性增加了乒乓球战术意识培养的难度。

（二）计划性与可变性

一些重大乒乓球比赛的举办日期确定后，教练员与运动员为迎接比赛，都会投入一系列的准备工作中，其中制订战术计划就是准备工作中非常重要的一个内容。经验丰富的教练员与运动员尤其重视对战术计划方案的制订。在战术计划的制订中，制订者会根据自己了解的信息估计对方竞技实力，同时对比赛环境、条件等客观因素做出判断。运动员是否科学制订战术计划一定程度上对比赛中战术运用效果及比赛成绩有直接的影响。

任何计划都是根据预测拟订的，但乒乓球比赛中总会出现一些事先无法预料的情况，即使计划再详细，再周密，也会与瞬息万变的乒乓球比赛实况有差别，面对意料之外和计划之外的事件，要灵活调整计划，随机应变，而不能机械性地实施原计划，否则就会严重影响技战术的发挥和比赛成绩。

鉴于乒乓球战术既有计划性，又有可变性，在战术计划制订中要做到以下两点要求。

（1）发挥自己的优势，用自己的长处攻对方的短处，同时限制对方发挥自己的长处，这就需要运动员在制订计划时对彼方情况及自身长处有充分的了解，使战术计划具有可靠性、客观性和针对性。

（2）制订计划时要留下一定的调整空间，弹性化地实施计划，因为比赛现场情况复杂多变，所以要根据实际情况灵活调整计划，使计划与场上情况基本相符,这样才能充分发挥战术的功效,同时也能使运动员的创造性和应变能力得到提升。

第二节 制定乒乓球战术需要考虑的因素

乒乓球教练员或运动员制定乒乓球战术时,需要考虑以下4种因素。

一、战略决策因素

乒乓球战略决策与战术决策有着密切的关系。参加乒乓球比赛时,针对比赛中的全局问题所进行的决策就是所谓的战略决策。决策者是否了解比赛的全局问题,直接决定了战略决策的水平。要提高战略决策的水平,就要求决策者全面深入地分析比赛的全局问题,包括比赛的赛制、参赛者数量、如何记录比分成绩与排名、比赛中常见问题及解决方案、采取何种战术打法等。

乒乓球战术决策是决策者针对比赛中的局部问题或具体情况而进行的决策,如确定好以进攻为主或以防守为主的打法后,进行如何进攻或如何防守等有关具体方法的决策。

乒乓球战略决策具有宏观性质,稳定性较强,而战术决策具有微观性质,稳定性相对较差,而灵活性较强。要实现战略决策,必须先实施战术决策。

二、乒乓球竞赛规则与规程

乒乓球竞赛规则与规程对乒乓球战术的制定既有引导作用,也有制约效果。例如,利用规则中关于轮换的规定调整战略与战术,以提高运动员体力与能力分配的效率。

三、对手情况

"知己知彼,百战不殆",制定乒乓球战术,必然要收集关于对手的重要信息,信息尽可能准确、全面,并及时更新信息,全面掌握这些有价值的信息有助于制订出能够在比赛中发挥出巨大作用的战术计划。

在不同层次、不同水平以及不同规模的乒乓球比赛中,搜集、整理与分析对手的情报都是必需的,为了提高收集效率,减轻这一环节的工作负担,在信息的收集中要明确哪些是主要信息,优先收集主要信息,如对手是谁,竞技能力如何,以往比赛成绩如何,个人风格是什么,攻防上有哪些特点,比赛节奏如何,教练员是谁以及执教能力如何,等等。在充分掌握了关键信息的基础上,可以从正面或侧面了解一些附属信息,以全面进行评价与预测,制定出完备的战术。

四、环境因素

在乒乓球比赛中,除了运动员自身的主观因素会影响比赛成绩外,比赛环境、条件等客观因素也会对运动员的发挥及成绩带来重要影响。因此在乒乓球战术的制定中要充分考虑比赛场地、观众、裁判、气候等环境因素,尽可能实现天时、地利、人和的统一,充分利用良好的环境因素来提高比赛成绩,并有意识地预防不良环境因素带来的负面影响。

第三节　乒乓球单打战术教学

一、发球抢攻战术

(一)侧上、侧下旋球结合落点变化进行抢攻

1. 左长右短(见图7-1)

主要发侧下旋短球,结合上旋向对方右侧近网位置发球,以急下旋球为主迅速向对方左侧台区发大角度长球,给对方发力、拉或攻制造困难。

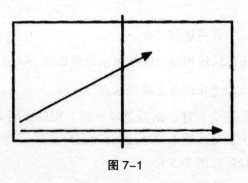

图7-1

2. 左短右长（见图7-2）

打法同上，方向相反。

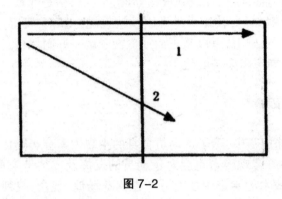

图7-2

3. 同线长短（见图7-3）

对付横拍削球手时，可选用这一发球抢攻战术。其中中长、中短的效果更明显。

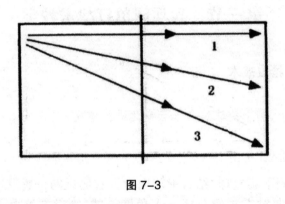

图7-3

(二)急球与侧上、侧下旋转球相结合进行抢攻

1. 急球与上、下旋转球相结合

急球与上、下旋转球相结合的战术示意图如图7-4所示。

2. 上、下旋球与急球结合发不同落点

主要发急球，配合短球。结合急球发侧上旋球或侧下旋球到不同的落点，主要发侧上旋球或侧下旋球，配合发右角急球，正手向右角发奔球，向左角配合发急球（见图7-5）。

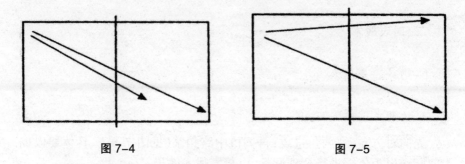

图 7-4　　　　　　　　　　图 7-5

3. 转与不转急球配合至不同落点

发转与不转短球到对方右、中路为主。配合发长球到对方左路,伺机抢攻(见图 7-6)。

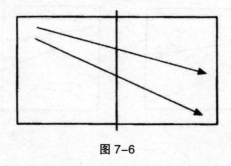

图 7-6

(三)转与不转结合落点变化进行抢攻

1. 转与不转发相同落点

主要发不出台球,先发转球后发不转球(也可以颠倒顺序),伺机抢攻(见图 7-7)。

2. 转与不转发不同落点

连续发短球后,突然发长球以达到抢攻的目的(见图 7-8)。

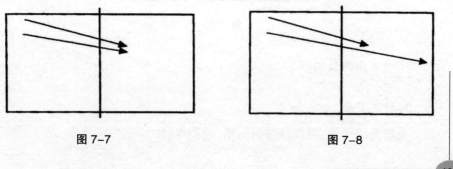

图 7-7　　　　　　　　　　图 7-8

二、对攻战术

(一)攻追身战术

1. 攻两角杀中路(追身)

先向对方左、右两角进攻,再伺机中路扣杀(见图 7-9)。具体要以场上实际情况为依据进行合理调整,以提高战术效果。

2. 攻追身杀两角

先追身攻中路,再向左角或右角扣杀(见图 7-10)。

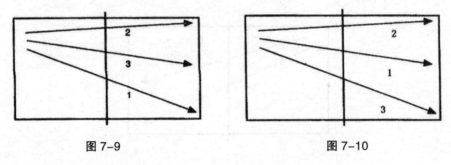

图 7-9　　　　　　　　图 7-10

3. 攻追身杀追身

连续攻追身,再连续攻中路,伺机发力进行中路扣杀或向左右两大角扣杀(见图 7-11)。

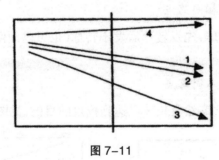

图 7-11

(二)攻两角战术

1. 双边直线

先攻直线一角,再攻直线另一角(见图 7-12)。

2. 对角攻击

紧压对方反手一侧的角,避免对方进攻,突然再向另一角大角度变化路线进攻(见图 7-13)。

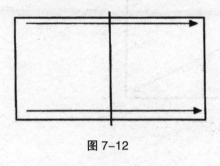

图 7-12

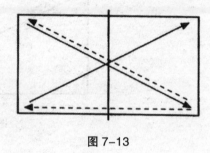

图 7-13

3. 逢斜变直,逢直变斜

逢斜变直和逢直变斜有一个共同点,即回球落在球台角上(见图 7-14)。袭击对方空当时可采用该战术。

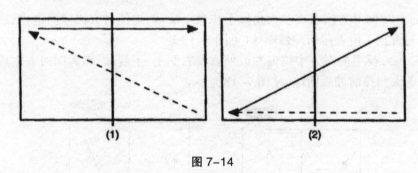

图 7-14

4. 调右压左和调左压右

(1)调左压右。如果对方左手执拍且比较擅长侧身攻,可采用调左压右战术(见图 7-15)。

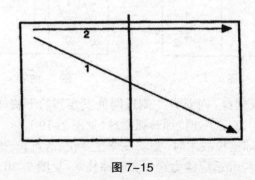

图 7-15

（2）调右压左。如果对方右手执拍，将其调到正手位，想办法迫使对方离台，然后再向反手进攻，打乱对方反手攻的意图（见图7-16）。

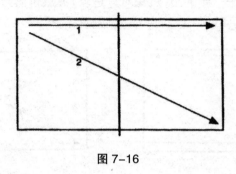

图7-16

三、弧圈球战术

（一）发球抢拉战术

（1）向对方偏右或左大角反手拉急下旋球，迫使对方搓球回击，然后向对方正手位置拉前冲弧圈球（见图7-17）。

（2）反手向对方中路偏左或偏右发右侧上、下旋球，然后向对方左或右两大角拉前冲弧圈球（见图7-18）。

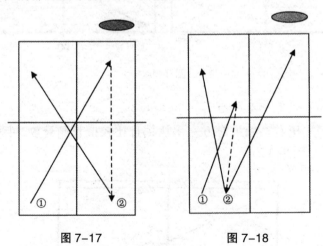

图7-17　　　　　　图7-18

（3）正手（或侧身）向对方左侧近网处发强烈的下旋球，迫使对方搓球回击，然后向对方反手处拉加转弧圈球（见图7-19）。

（4）采用发球抢拉战术时，要求发球速度快、落点长，迫使对方退守，然后根据对方站位和适应能力选择弧圈球技术（见图7-20）。

第七章 高校乒乓球战术教学与实战技巧

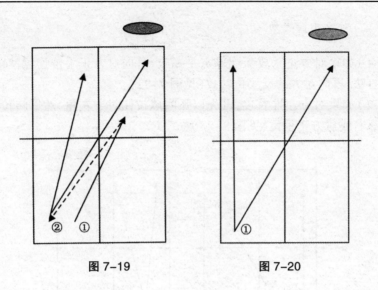

图 7-19　　　　　　　　　图 7-20

(二)接发球抢拉战术

接发球抢拉战术与发球抢拉战术是相抗衡的。采用该战术是为了攻在前,打乱对方运用发球抢拉战术的节奏,争取主动权(见图 7-21)。

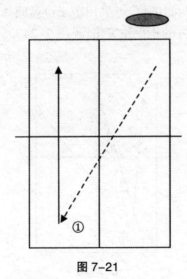

图 7-21

该战术主要有以下 3 种情况。

(1)对方发侧下旋球或强烈下旋球时,以拉前冲弧圈球回击。

(2)对方发侧上旋球和不太转的球时,以拉前冲弧圈球回击。

(3)对方发侧下旋球或强烈下旋球时,以拉加转弧圈球回击。

(三)对攻相持战术

(1)如果对方正手攻弧圈球水平一般,可向对方正手位连续使用拉、冲的打法,再向对方的反手位转攻(见图7-22)。

(2)如果对方左推右攻,可先以弧圈球拉住对方左角,然后转拉对方中路靠右或对方正手位(见图7-23)。

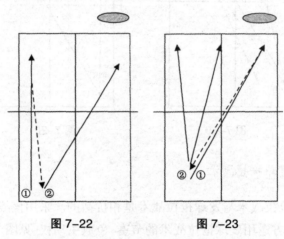

图 7-22　　　　　　图 7-23

(3)如果对方从两面进攻,可采用正手位弧圈球进攻对方中路,再压对方的反手位或向对方的正手位突击(见图7-24)。

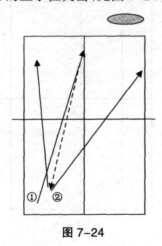

图 7-24

(四)弧圈球结合扣杀战术

(1)用拉加转弧圈球与不转球相结合,伺机扣杀。

(2)用前冲弧圈球进攻,迫使对方在远离球台的位置回击,然后放短球回击,再扣杀(见图7-25)。

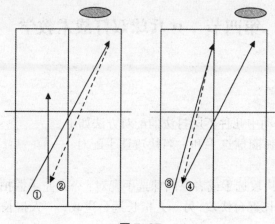

图7-25

四、削攻战术

(一)削两角,伺机反攻

(1)连削直线,伺机反攻(见图7-26)。
(2)连逼右角,突变左角(连逼左角,突变右角),伺机反攻(见图7-27)。

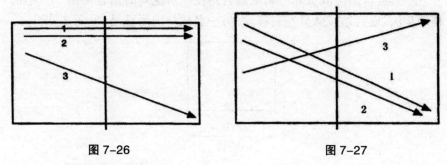

图7-26　　　　　　　图7-27

(3)对角紧逼,伺机反攻。
(4)逢斜变直,逢直变斜,伺机反攻。

(二)削攻结合

(1)时削,时攻,也可连续削球,连续对攻。
(2)左削右攻或右削左攻。通过旋转、节奏的变化扰乱对方的节奏,争取主动权。

第四节 乒乓球双打战术教学

一、配对

乒乓球运动中几种不同打法的配对方法如下。

（1）一名弧圈球选手和一名快攻选手配对：一前一后，一快一转，相互补充。

（2）两名快攻选手或者弧圈球选手配对：一人左手握拍，另一人右手握拍；一人擅长近台快攻，另一人擅长远台进攻；一人擅长正手拉，另一人擅长反手拉。

（3）两名削球选手配对：一人站位稍远，主要削加转与不转球，一人站位稍前，善于逼角。两人的反攻能力应比较强。

二、步法移动

（一）"T"字形移动

一名近台站位队员和一名中远台站位队员配对时适合采用"T"字形移动步法，近台站位队员左右移动，另一名队员前后移动（见图7-28）。

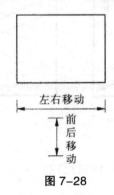

图 7-28

（二）"八"字形移动

左手握拍的攻击型队员和右手握拍的攻击型队员配对时适合采用这种移动步法，两人在击球后都移动到自己反手一侧，不仅有利于发挥正手攻球的作用,而且可以保障同伴的击球空间(见图7-29)。

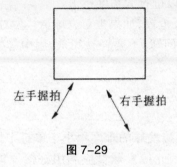

图7-29

(三)环形移动

两名右手握拍的队员配对时适合采用这种移动步法(见图7-30)。

(四)"∞"字形移动

对方主要针对本方一名队员打两角时,采用"∞"字形步法移动(见图7-31)。

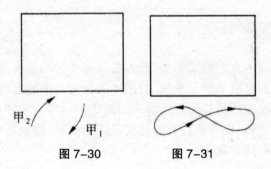

图7-30　　　　图7-31

三、战术行动

(一)发球与发球抢攻

(1)乒乓球双打比赛中,发球区固定,所以对发球方的要求特别高,应由发球技术好的队员担任第一发球员,在男女混合双打比赛中,一般由男选手担任第一发球员。

(2)发球员与同伴之间要协调配合好,用手势告诉同伴发什么球,以便同伴做出高质量的还击。

（3）近网不出台或接近中线端线是比较理想的双打发球落点,接近中线的球会使对方难以进行大角度还击。

（4）发球后要积极抢攻,如果被对方球员接发球抢攻,要准备好防御,如果难以抢攻对方的回球,不要轻易扣杀,用中等力量打对方弱点,为同伴下一板的进攻创造机会。

（二）接发球与接发球抢攻

（1）双打比赛中,接发球的难度稍小于单打中接发球的难度,而且照顾范围也不是很大,因此接发球员应利用好接发球的有利条件,伺机抢攻,争取主动权。

（2）接发球员要采用灵活多变的接发球手段,避免对方轻易抢攻。

第五节　乒乓球战术意识与技巧的训练

一、乒乓球战术意识的培养与训练

（一）战术素养的培养与提高

在乒乓球战术意识的培养中,首先要培养学生的战术素养,使其对战术相关理论知识有所了解与掌握,对战术的概念与内涵有所明确,对乒乓球的战术规律及发展趋势加以了解。一般将乒乓球战术理论知识放到乒乓球理论课上讲解,或者放在乒乓球实践课上讲解,将这部分知识的讲解与战术训练有机结合起来。

（二）战术思维的培养

在战术意识的构成要素中,战术思维居于核心地位,运动员战术意识的强弱直接由其战术思维能力的高低所决定。要提高运动员的战术意识,就要先培养运动员集预见性、灵活性及创造性于一体的战术思维能力。

从乒乓球战术训练的实践出发,对运动员的战术思维进行培养,就要采取"想练结合"的手段。在日常训练中,向运动员提出集中精神,大脑与肢体并用的要求,教练员要善于设置不同实战情境下的相关战术问题,引导运动员分析问题,探索应对策略,对运动员的观察力、判断力、分析及解决问题的能力进行培养。此外,乒乓球教师或教练员在训练课上要抓住适当的机会播放优秀乒乓球选手的精彩比赛视频,使学生的思维得到拓展,激励其主动学习,借鉴经验,而且教练员还要多为运动员提供比赛机会,使其比赛经验更加丰富,战术思维得到强化。在参赛过程中学生要将日常学习与训练的内容融入进去,学以致用,并在比赛结束后客观评价自己的表现,发现自己的不足之处,然后有针对性地培养与改善。

(三)启发性思维的培养

培养启发性思维也是乒乓球战术意识培养与训练的重要内容之一。在启发性思维的培养中,通常采取的方法是组织学生观看比赛视频或在现场观看比赛,在观赛中提出"如果你遇到这种情况会采取什么战术"及"为什么这么做"等问题,通过这种提问,可以引导学生猜测或想象特定比赛情景,进行预判与决策,这有助于对其创造力、想象力进行培养,促进其想象力的发挥和创造力的提升。如果不具备播放多媒体视频或带领学生现场观看比赛的条件,教师或教练员可以对一场比赛中的精彩片段进行描述,启发学生猜测与想象,在大脑中勾画比赛图,然后从多个角度思考与推断,这有助于促进其战术意识的提升。

(四)良好心理素质的培养

培养运动员的心理素质与培养其战术意识密不可分,良好的心理素质有助于运动员战术意识的强化。因此在乒乓球战术意识训练中,要加强心理素质训练与培养。在心理素质培养方面,要重点培养学生在实战中积极思考、全面分析、灵活应对、果断处理问题的能力,培养学生勇敢果断、越挫越勇、永不言弃以及胜不骄、败不馁的良好体育道德和精神品质。在模拟实战训练中适当增加难度与干扰,以培养学生的心理承受能力、抗干扰能力以及环境适应能力,使其以良好的心理素质投入紧张激烈的比赛中,即使面对众多的干扰与意想不到的难题,也能继续坚持下去。

(五)独特战术风格的培养

在乒乓球战术意识的培养与训练中,还应将培养学生独特的战术风格作为一项重点工作,不同学生都有自己的特点,都有自己擅长的打法技术,在这一基础上建立能够体现自身特色和有利于充分发挥特长技术的独特战术体系,扬长避短,提高制胜能力。

在乒乓球日常训练中,教练员有要意识地引导学生发挥自己的战术风格,并在实战中合理运用自己擅长的战术,促进学生的战术意识向风格鲜明的战术行动转变,从而提高学生的战术能力,并充分彰显学生的个性。

二、乒乓球战术技巧训练

（一）两点打一点

1. 左右落点的变化有规律

两点可以是 1/2 台、2/3 台或全台两大角。有规律地变化左右落点,如一左一右、一左两右或两左两右等。

2. 左右落点的变化无规律

在练习中,两点打一点者可使用一种或两种及两种以上的技术。一点打两点者可使用一种或两种以上的技术。这一点可以是反手位、正手位或中路,可以是推球、攻球、拉弧圈球。

（二）两点对两点

1. 两斜对两直

对抗双方分别打两条斜线和两条直线,而且不能变化线路。

2. 两直对一直一斜

两名攻球手多采用这一练习方式。一方只打直线,如正手位用正手打,反手位用反手打或正、反手分别各打两次直线。另一方用正手走动攻,如正手位攻一直一斜,侧身位攻一直一斜(见图 7-32)。

3. 两斜对一斜一直

与上一种练习方法相似。一方只打斜线,如正手位用正手打,反手位用反手打或正、反手分别各打两次斜线。另一方用正手走动攻,如正手位攻一斜一直,侧身位攻一斜一直(见图 7-33)。[①]

---

① 苏丕仁.乒乓球运动教程[M].北京:高等教育出版社,2004.

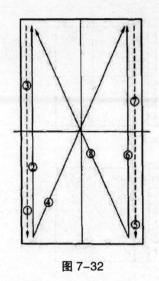
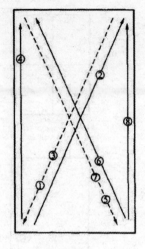

图 7-32　　　　　　　　　图 7-33

4. 逢斜变直、逢直变斜

一方随意击球,如果是斜线击球,对方回直线,如果是直线击球,对方回斜线。

(三) 三点打一点

三点者用正手攻或拉弧圈球,一点者可推球、拨球、削球。
(1) 完全式的三点打一点练习(见图 7-34)。

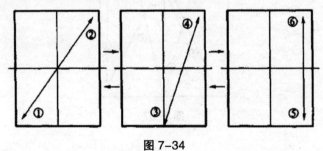

图 7-34

(2) 不完全式的三点打一点练习(见图 7-35)。
(3) 变化式的三点打一点练习(见图 7-36)。

(四) 三点对两点

三点者正手走动攻球或拉弧圈球,两点者正手位来球用正手打,反手位来球用反手打,如图 7-37 所示。

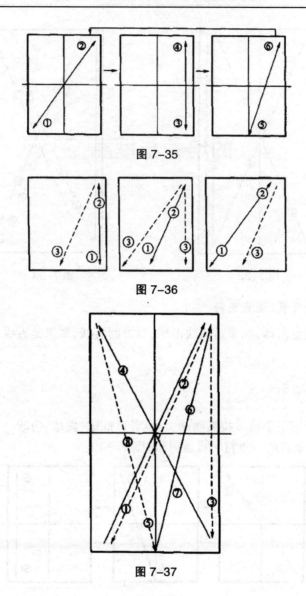

图 7-35

图 7-36

图 7-37

第八章　乒乓球裁判员执裁能力的培养与提高

乒乓球裁判员的执裁能力直接影响乒乓球比赛的顺利进行,从大的方面来说,也会影响到乒乓球这一项运动的健康发展。因此,加强乒乓球裁判员的培养是尤为重要的。在高校乒乓球课程建设中,乒乓球教师要正确引导大学生从会打球到会执裁,注重培养大学生的裁判能力,使其在乒乓球比赛中成功胜任裁判员工作,履行好职责,充分发挥自己的价值,这对于促进大学生乒乓球专业素养及综合素养的提升具有重要意义。本章主要就高校乒乓球裁判员执裁能力的培养与提高展开研究,主要内容包括乒乓球竞赛规则与规程、乒乓球裁判员临场操作程序以及乒乓球竞赛的抽签与编排。

第一节　乒乓球竞赛规则与规程

一、乒乓球竞赛规则

下述对由中国乒乓球协会审定的最新乒乓球竞赛规则的部分内容进行说明。

(一)发球

(1)发球开始时,球自然地置于不持拍手的手掌上,手掌张开,保持静止。

(2)发球员须用手将球几乎垂直地向上抛起,不得使球旋转,并使球在离开不执拍手的手掌之后上升不少于16cm,球下降到被击出前不能碰到任何物体。

(3)当球从抛起的最高点下降时,发球员方可击球,使球首先触及本方台区,然后越过或绕过球网装置,再触及接发球员的台区。在双打中,球应先后触及发球员和接发球员的右半区。

(4)从发球开始,到球被击出,球要始终在台面的水平面以上和发球员的端线以外;而且从接发球方看,不能被发球员或其双打同伴的身体或所穿戴的任何物品挡住。

(5)球一旦被抛起,发球员的不执拍手臂应立即从球和球网之间的空间移开。球和球网之间的空间由球和球网及其向上的延伸来界定。

(6)运动员发球时,有责任让裁判员或副裁判员确信他的发球符合规则的要求,且裁判员或副裁判员均可判定发球不合法。

如果裁判员或副裁判员对发球的合法性不确定,在一场比赛中第一次出现时,可以中断比赛并警告发球方。但此后如该运动员或双打同伴的发球不是明显合法,将被判发球违例。

(7)运动员因身体伤病而不能严格遵守合法发球的某些规定时,可由裁判员做出决定免于执行。

(二)还击

对方发球或还击后,本方运动员必须击球,使球直接越过或绕过球网装置,或触及球网装置后,再触及对方台区。

(三)击球次序

(1)在单打中,首先由发球员合法发球,再由接发球员还击,然后两者交替还击。

(2)在双打中,除了下面(3)的情况外,首先由发球员合法发球,再由接发球员合法还击,然后由发球员的同伴合法还击,再由接发球员的同伴合法还击,此后,运动员按此次序轮流合法还击。

(3)在双打中,当配对中至少有一名运动员由于身体残疾而坐轮椅时,发球员应先发球,接发球员应还击,此后该配对的任何一名运动员均可还击。然而,该配对中,运动员轮椅及站立运动员脚部的任何部分均不能超越球台中线的假定延长线。如果超越,裁判员将判对方得1分。

(四)重发球

(1)出现下列情况应判重发球。

1)如果发球员发出的球,在越过或绕过球网装置时,触及球网装置,此后成为合法发球或被接发球员或其同伴阻挡。

2）如果接发球员或接发球方未准备好时，球已发出，而且接发球员或接发球方没有企图击球。

3）由于发生了运动员无法控制的干扰，而使运动员未能合法发球、合法还击或遵守规则。

4）裁判员或副裁判员暂停比赛。

5）由于身体残疾而坐轮椅的运动员在接发球时，发球员进行合法发球之后，出现下列情况：球在触及接发球员的台区后，朝着球网方向运行；球停在接发球员的台区上；在单打中，球在触及接发球员的台区后，从其任意一条边线离开球台。

（2）可以在下列情况下暂停比赛。

1）由于要纠正发球、接发球次序或方位错误。

2）由于要实行轮换发球法。

3）由于警告或处罚运动员。

4）由于比赛环境受到干扰，以致该回合结果有可能受到影响。

（五）一分

除被判重发球的回合，下列情况运动员得一分。

（1）对方运动员未能正确发球。

（2）对方运动员未能正确还击。

（3）运动员在发球或还击后，对方运动员在击球前，球触及了除球网装置以外的任何东西。

（4）对方击球后，该球没有触及本方台区而越过本方端线。

（5）对方阻挡。

（6）对方故意连续两次击球。

（7）对方用不符合规定的拍面击球。

（8）对方运动员或他穿戴的任何东西使比赛台面移动。

（9）对方运动员或他穿戴的任何东西触及球网装置。

（10）对方运动员不执拍手触及比赛台面。

（11）双打时，对方运动员击球次序错误。

（12）执行轮换发球法时，出现轮换发球法（4）的情况。

（六）发球、接发球和方位的次序

（1）选择发球、接发球和方位的权力应由抽签来决定。中签者可以选择先发球或先接发球,或选择先在某一方位。

(2)当一方运动员选择了先发球或先接发球,或选择了先在某一方位后,另一方运动员必须有另一个选择。

(3)在获得每2分之后,接发球方即成为发球方,以此类推,直至该局比赛结束,或者直至双方比分都达到10分或实行轮换发球法,这时,发球和接发球次序仍然不变,但每人只轮发1分球。

(4)在双打的第一局比赛中,先发球方确定第一发球员,再由先接发球方确定第一接发球员。在以后的各局比赛中,第一发球员确定后,第一接发球员应是前一局发球给他的运动员。

(5)在双打中,每次换发球时,前面的接发球员应成为发球员,前面的发球员的同伴应成为接发球员。

(6)一局中首先发球的一方,在该场下一局应首先接发球。在双打决胜局中,当一方先得5分时,接发球方应交换接发球次序。

(7)一局中,在某一方位比赛的一方,在该场下一局应换到另一方位。在决胜局中,一方先得5分时,双方应交换方位。

(七)发球、接发球次序和方位的错误

(1)裁判员一旦发现发球、接发球次序错误,应立即暂停比赛,并按该场比赛开始时确立的次序,按场上比分由应该发球或接发球的运动员发球或接发球;在双打中,则按发现错误时那一局中首先有发球权的一方所确立的次序进行纠正,继续比赛。

(2)裁判员一旦发现运动员应交换方位而未交换时,应立即暂停比赛,并按该场比赛开始时确立的次序,按场上比分运动员应站的正确方位进行纠正,再继续比赛。

(3)在任何情况下,发现错误之前的所有得分均有效。

(八)轮换发球法

(1)除下列(2)的情况外,一局比赛进行到10min或在任何时间应双方运动员或配对的要求,应实行轮换发球法。

(2)如果一局比赛比分已达到至少18分,将不实行轮换发球法。

(3)实行轮换发球法的时间到时,球处于比赛状态,裁判员应立即暂停比赛。由被暂停回合的发球员发球,继续比赛;如果实行轮换发球法时,球未处于比赛状态,应由前一回合的接发球员发球,继续比赛。

(4)此后,每个运动员都轮发1分球,直至该局结束。如果接发球方

第八章　高校乒乓球裁判员执裁能力的培养与提高

进行了 13 次合法还击,则判发球方失 1 分。

（5）实行轮换发球法不能更改该场比赛中按（六）（6）所确定的发球与接发球次序。轮换发球法一经实行,将一直执行到该场比赛结束。

二、乒乓球竞赛规程

下述对乒乓球国际竞赛规程的部分内容进行说明。

（一）比赛器材与条件

（1）赛区空间长、宽、高分别不少于 14m、7m 和 5m。赛区空间由挡板（高 75cm）围成。

（2）用带有 ITTE（国际乒联）标记的球拍。

（二）裁判人员的管理权限

1. 裁判长

（1）每次竞赛裁判长 1 名,应让所有参赛者及工作人员都知道谁是裁判长以及裁判长在什么地点工作。

（2）裁判长负责的事项有抽签、编排比赛日程等。

（3）裁判长若要向其他工作人员委托部分职责,要先向竞赛管理委员会申请,得到同意后可委托,委托后让参赛者及相关工作人员知道受委托者是谁,负责什么工作以及在哪里工作。

（4）从比赛开始到比赛结束的整个过程中,裁判长都应亲临比赛场地。

（5）必要时裁判者可以着手关于裁判人员更换的事宜,但被更换者在被更换之前经合理行使职权而做出的裁判决定不得更改。

（6）裁判长对运动员的管辖贯穿运动员参与比赛的始终。

2. 裁判员和副裁判员

（1）每场比赛裁判员和副裁判员各 1 名。

（2）裁判员和副裁判员面对面坐在或站在球台两侧。

（3）裁判员负责对比赛器材的检查、对赛前选球的主持等事宜。

（4）裁判员对运动员的管辖贯穿运动员参与比赛的始终。

（5）以下事件由裁判员或副裁判员判定均可:

1）发球动作是否规范。
2）发球或接发球后球是否触及球网装置。
3）比赛受到意外干扰后该回合的结果是否有效。
4）控制比赛及中场间歇时间。
（6）副裁判员关于时间问题的决定和计数员关于击球板数的记录不得被裁判员否决。

（三）比赛的管理

1. 报分

（1）裁判员报比赛双方的分数时,要有先(下一回合发球方)后(下一回合接发球方)顺序。

（2）即将开始一局比赛时,裁判员手势指向发球者,也可在报完比分后将即将发球的运动员的名字报出。

（3）结束一局比赛时,裁判员先报胜方姓名和分数,后报负方姓名和分数。

2. 换拍

（1）在单项比赛中,如果球拍没有意外损坏现象,则不允许更换球拍。如果球拍意外损坏,立即替换新球拍,新球拍可以是自己随身带来的,也可以是场外事先准备的。

（2）在间歇时间,将球拍放在球台上,不得随身带走,除非得到裁判员的特殊许可。

3. 间歇

（1）局与局之间休息时间最多 1min。

（2）一场比赛中,运动员有要求暂停的机会,但只有 1 次机会,而且暂停时间最多 1min。

（3）单项比赛中,运动员和场外指导都可以提出暂停要求；团体比赛中,运动员或队长、教练员都可以提出暂停要求。

（4）在单项比赛中,如果场外指导与运动员关于是否需要暂停而意见不统一时,由参赛运动员决定。团体赛中,如果运动员与教练员关于是否需要暂停而意见不统一时,由教练员最终决定。

（5）如果球处于比赛状态,不能提出暂停,球在非比赛状态下才能提出暂停,向裁判员做"T"手势表示暂停。

（6）当参赛一方提出暂停要求且得到许可后,裁判员在提出一方的台区上放一块白牌代表比赛暂停,直至提出者准备继续比赛或暂停时间达到上限时,裁判员拿走台区上的白牌,比赛继续。

(7)若参赛双方同时提出暂停要求并得到许可后,比赛暂停,直至双方准备继续比赛或暂停时间达到上限后,恢复比赛。此后双方均没有权利或机会提出暂停要求。

(8)每局比赛中打到 6 分的倍数时,或决胜局进行方位交换时,允许运动员快速擦汗。

第二节　乒乓球裁判员临场操作程序

一、比赛前

(一)到达比赛场地前的准备

(1)穿好裁判服,戴好胸徽。
(2)检查是否带齐了比赛器材。
(3)熟练操作比分显示器。

(二)比赛前对比赛场地的检查

(1)检查球台、挡板、球网的安放或调整是否正确、合适,检查扩音器是否完好无损,音量适宜、音质好。
(2)检查比分显示器是否处于无比分、无局分状态(见图 8-1)。

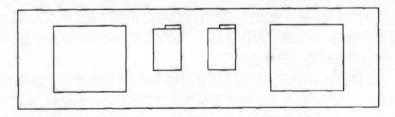

图 8-1[①]

(3)团体比赛中检查各参赛队名牌是否正确放置。
(4)双方运动员到达比赛现场时,将比分显示器的局分调为 0∶0

---

① 苏丕仁.乒乓球运动教程[M].北京:高等教育出版社,2004.

(见图 8-2)。

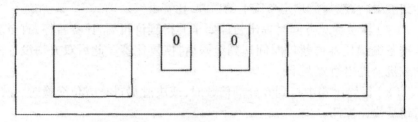

图 8-2

(三)做好开场前的准备

1. 团体比赛组织双方队长挑选 ABC/XYZ

(1)主持团体比赛抽签。

(2)要求双方队长将比赛出场顺序填写在 ABC/XYZ 的排名表中。

(3)收回排名表,按排名表在团体比赛记分表上填写出场顺序。

(4)在开场时间要求双方第一位参赛者做好入场准备。

2. 三检查

(1)检查号码布。号码布是否和秩序册一致。

(2)检查服装。单项比赛双方运动员服装不同,团体比赛同队选手服装一样,双打比赛同队选手服装一样。

(3)检查球拍。球拍是否印有 ITTF 标志,是否获得权威批准,是否完好无损等。

3. 两挑选

(1)挑选发/接球或方位。挑边器的两边分别代表参赛双方,这由参赛双方来确定,确定哪一方代表哪一方后,高抛转动挑边器并接住,中签者优先选择发球或接发球或站位。

(2)挑选比赛用球。在比赛用球的挑选中,先由参赛双方协商决定,如果意见不统一,则从规定的几个用球中选择,如果仍有分歧,由裁判员从规定的用球中随机选一个。

4. 其他

(1)检查毛巾是否在毛巾盘中而不是在挡板上。比赛场地中不能放与比赛无关的物品。

(2)检查是否将红黄牌、记分表等必备物品带好。准备好后向裁判

第八章 高校乒乓球裁判员执裁能力的培养与提高

长示意,再有序入场。

（四）组织运动员入场及练球

（1）裁判员带领运动员以整齐的步伐、饱满的精神面貌入场,并面向主席台行注目礼、握手。

（2）裁判员组织运动员练习 2min,对于运动员的练习时间要严格控制。

（3）在运动员练球的 2min 内,裁判员观察比赛场地是否有无关物品,检查相关器材用具是否完备无损。

（4）运动员练习 2min 后,裁判员举手示意运动员停止练习,将球收回。

（5）明确即将开始的这场比赛由哪方先发球,将发球员的姓名记在记分表上。如果是双打比赛,那么第一发球员和第一接发球员的姓名都应该记在记分表上。

二、比赛中

（1）裁判员宣布"比赛开始",发球方拿到比赛用球后,裁判员宣布"××发球,0∶0"（见图 8-3）。

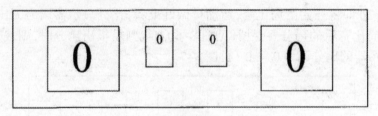

图 8-3

（2）比赛开始时启动计时器开始计时,比赛暂停时停止计时器,暂停计时,恢复比赛时重新启动计时器,恢复计时。一局比赛持续 10min 时,裁判员宣报"时间到"。将比赛用球收回,宣布轮换发球,对于发球方和接发球方要有所明确。

（3）结束一回合时,裁判员举拳示意并对比分进行宣报,宣报后副裁判员在比分显示器上显示该比分（见图 8-4）。注意对即将发球方的得分要先宣报。

（4）两个回合间不允许运动员有太长时间的停顿,这需要裁判员在必要时进行提醒。

（5）运动员在一局比赛中不能接受场外语言、手势或其他方面的指导,如果出现这种情况,第一次出示黄牌以表示对场外指导员的警告,第二次就要出示红牌,不允许指导员继续留在赛区。

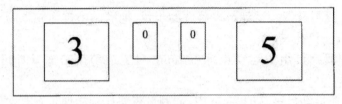

图 8-4

（6）结束一局比赛,立刻起身举拳示意,并对胜方运动员的姓名、比分以及该局的局分进行宣布。

一局比赛结束后,将比赛用球收回,将比分填写在记分表上。比分显示器上的比分要保留,局分不变(见图 8-5)。

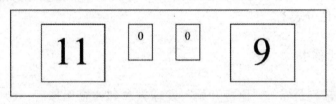

图 8-5

（7）即将开始下局比赛,运动员做好准备,比分显示器调为无比分,上一局比赛后的局分要保留(见图 8-6)。裁判员报出比分时,副裁判员将显示器的比分调为 0∶0(见图 8-7)。

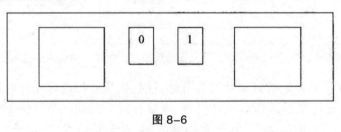

图 8-6

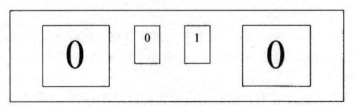

图 8-7

第八章　高校乒乓球裁判员执裁能力的培养与提高

（8）对局间休息时间严格控制，休闲时间达到规定上限后将运动员招回。运动员局间休息期间不得拿走球拍，应将其留在球台上，但这不是强制性的，如果运动员执意带走球拍或将其放到其他地方，那么下一局比赛前对球拍重新检查一次。

（9）结束一场比赛后，将比赛结果宣布给赛场所有人员。如果是团体比赛，当场比分也要宣布。在比赛记分表上准确填写分数。前一局的比分、最后一局的比分应在显示器上保留（见图8-8）。

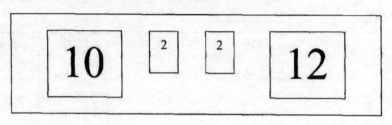

图 8-8

三、比赛后

（1）比赛结束后，裁判员将比赛用球收回，将比赛记分表准确无误地填写好，请参赛双方签名。核审无误后向裁判记录台呈交比赛记分表。

（2）将比分显示器调到无任何显示，将所有物品收拾好退场，防止有物品遗留在赛区。

第三节　乒乓球竞赛的抽签与编排

一、乒乓球竞赛的抽签

（一）抽签准备工作与实施要求

1. 抽签准备工作

（1）接受与汇总报名表（见表8-1、表8-2）。

（2）对参赛运动队数，各项目参赛运动队、运动员数进行准确统计。

（3）制定适宜的抽签方案，将竞赛规程、竞赛办法、具体赛制作为方案制定的依据。

（4）选定各项目的位置数、种子序号排列等。

（5）准备抽签场地、抽签器材、抽签记录表等。

（6）确定抽签人员。

（7）实习预抽。

表 8-1 乒乓球比赛报名表

单　位：　　　　　　组　别：

领　队：　　　　　　联系电话：

教练员：　　　　　　联系电话：

	姓　名	性别	团体	单打	双打	混双
1						
2						
3						
4						
5						
6						
7						
8						
9						
10						

备　注：

1、参加团体赛请打"√"。

2、单打请按运动员水平高低排序标注：1 或 2。

3、双打请按运动员水平高低排序标注：双 1 或双 2，混 1 或混 2。

4、抽签排序以此为准！

表 8-2 乒乓球比赛报名情况统计表

序号	参赛单位	领队人	教练人	男团队	女团队	男单人	女单人	男双对	女双对	混双对	总计
1											
2											
3											
4											
5											

第八章　高校乒乓球裁判员执裁能力的培养与提高

续表

序号	参赛单位	领队人	教练人	男团队	女团队	男单人	女单人	男双对	女双对	混双对	总计
6											
7											
8											
9											
10											
11											
12											
13											
14											
15											
16											
17											
18											
总计											

日期：　　　　　　　　　　　　　　　统计人：

2.实施抽签

在抽签过程中应注意以下事项。

（1）按部就班展开抽签工作，程序无误。

（2）抽签操作规范。

（3）准确表达解说词，简明扼要，通俗易懂。

（4）灵活处置抽签中的突发情况，及时纠正错误。

（5）当场公布抽签结果，公平、公正、公开。

（二）淘汰赛和循环赛抽签

1.淘汰赛抽签步骤

（1）分区（上、下半区）。

（2）定区（1/4区）。

（3）定位（各区中的具体位置号）。

2.单淘汰赛抽签方法示例

例如,17个队,68人参加单淘汰赛。

设64个号码位置数,4个抢号位置。

种子8个:1—E1;2—D1;3—A1、3—K1;5—E2、5—B1、5—C1、5—J1。

8个种子位置:1号位;64号位;32、33号位;16、17、48、49号位。

4个抢号位置:2号位、63号位、31号位、34号位。

先抽种子运动员(定位),再抽非种子运动员。

先分区(见表8-3),后定位。

表8-3 抽签分区表[①]

序号	单位	参赛人数	种子序号	1/4区 1~16	2/区 17~32	3/4区 33~48	4/4区 49~64
1	A	3	3	3	1	2	
2	B	5	5	1.5	4	3	2
3	C	5	5	3	1	2	4.5
4	D	4	2	4	2	3	1
5	E	5	1.5	1	3	4	2.5
6	F	5		3	2.5	1	4
7	J	5			3	1.5	4
8	H	4		1	4	2	3
9	J	4		3	2	4	1
10	K	4	3	2		1	4
11	L	5		1	4.5	2	3
12	M	4		2	3	1	4
13	N						
14	P	3		2		3	1
15	Q	2			1	2	
16	R	4		1	2	3	2
17	S	4		3	2	4	1
总计		人数 位置数	68人 (64)	种子 8人	17人 (16)	17人 (16)	17人 (16)	17人 (16)

---

① 苏丕仁.乒乓球运动教程[M].北京:高等教育出版社,2004.

第八章 高校乒乓球裁判员执裁能力的培养与提高

3. 循环赛中的分组抽签

在循环比赛中,常采用以下两种方式确定分组。

(1)抽签。如果没有充分了解运动员(队或对)的竞技水平,可以通过抽签来对参赛者进行分组。

1)随机抽签分组。如果没有可靠的成绩依据,可以不作任何区分地采用随机抽签的方式对参赛运动员进行分组。

2)设置一定数量种子后分组抽签。如果有比较可靠的成绩依据,可采用这种抽签分组方法。先将优秀运动员设置为"种子"并将其均匀分到各个小组,然后再采用上一种方式将其他运动员分到各小组。

(2)蛇形排列。如果非常了解参赛运动员(队或对)的竞技水平,并有可靠的成绩依据,可以采用蛇形排列方式对运动员进行分组,从而对不同竞技水平的运动员(队或对)均匀分组。

4. 循环赛抽签方法示例

6个队循环赛,分两组。

(1)蛇行排列分组方法。种子定位,其他蛇行排列(见图8-9)。

(2)蛇行加抽签分组方法。

方法一:1、2号种子定位,其他分3批抽签分组。3、4号一批抽签进入A、B组,5、6号一批抽签进入A、B组,7、8号一批抽签进入A、B组。

方法二:1、2号种子定位,3、4号抽签进入A、B组,其他4个队一批抽签定位。

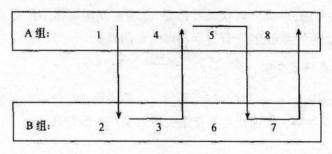

图8-9

(三)抽签的变更

在乒乓球竞赛中,如果出现运动员生病、受伤、缺席等特殊情况,那么允许变更抽签,可以重新抽,或者实施增补方案,但是对抽签变更的条件要严格把关,如为了纠正因通知不规范而产生的误解或在报名中因不了解情况而产生的错误,为了维护平衡与公平等而进行抽签变更是允许的。实施增补方案,必须对运动员的条件严格把关,符合规定才可增补。如果是进行双打配对的变更,那么必须满足的条件是其中一名选手生病/受伤/缺席。

二、乒乓球竞赛的编排

将乒乓球比赛中的每场球都作出日期、时间及球台的相关安排,这就是乒乓球竞赛的编排。编排工作有很强的技术性,要考虑到方方面面,如参赛选手的衣食住行、比赛工作人员的职责、新闻媒体的报道以及观众的体验等。通过编排要合理衔接起各个环节,使比赛有序进行。比赛编排方案并没有固定的模式,因为不同比赛参赛者不同,比赛条件不同,所以要灵活调整方案。但在编排方案的设计中,可以借鉴基本的规律和成功的经验。

(一)编排要求

1. 满足观众和新闻媒体的基本要求

在进行乒乓球竞赛编排的过程中,要对广大观众及新闻媒体的基本要求予以考虑,以吸引观众观看比赛,并通过新闻媒体的传播来宣传比赛,提高比赛的商业价值,促进乒乓球运动的普及。

2. 比赛强度合理

比赛强度适宜也是乒乓球竞赛编排中要特别注意的一个方面。

(1)单项赛。单项比赛如在第一阶段采用分组循环赛制,则以5人/组为宜。

如果没有特别的规定,可按以下方式来控制单项比赛量:

5局3胜:一节(4h)≤4场 一天≤10场;

7局4胜:一节(4h)≤3场 一天≤7场。

(2)团体赛。团体赛中,一次比赛每队以8~10场为宜,每节安排一场比赛也相对合理。如果在第一阶段采用分组循环赛制,则以5~6队/组为宜。场数太多或太少都不合适,场数太多会大大增加比赛强度,

第八章 高校乒乓球裁判员执裁能力的培养与提高

超过运动员的体能极限,易发生运动损伤情况,而场数太少又不能使运动员尽兴,使运动员没有比较多的机会进入最佳比赛状态来充分发挥竞技能力。

3. 防止连场、重场、空场

任何比赛通常都很难做到绝对有序,理论上已经设计好的计划与方案在实际实施中还是会出现这样或那样的问题,实际与理论不符的情况普遍存在,所以裁判长、裁判员要将比赛进度掌握好,根据实际情况灵活调整,避免出现连场、重场、空场的现象,有序推动比赛的运作。

(二)编排内容

1. 编排方案的设计

对乒乓球竞赛编排方案进行设计,要突出方案的整体性,要将竞赛日程、竞赛方法等都涉及在内,要了解竞赛规程和规则对比赛方法的明确规定与要求,要对参赛人数、队数进行准确估计。

需要注意的是,在方案正式投入使用前先模拟试行,以便及时发现问题并予以解决,不断完善方案。

2. 竞赛秩序的编排

(1)单项比赛的编排。一节比赛中避免只有女子比赛或只有男子比赛,也要避免只有单打比赛或只有双打比赛。

一般通过采用男、女交叉和同项目衔接的方法来避免在多项目比赛时出现连场情况。

(2)团体比赛的编排。一般一节比赛中每张球台各安排一场男子团体赛和一场女子团体赛。在做好整体衔接的基础上,男女比赛顺序一般是固定的,先女子比赛后男子比赛,这是为了防止连场、重场现象发生。

团体赛分组编排中,对于轮数的变化要特别注意。

3. 秩序表的编制

(1)单项比赛秩序表。单项比赛的基本方法是单淘汰赛,比赛秩序表的格式如图8-10所示。

(2)团体比赛秩序表。团体比赛中,单循环赛是一个基本比赛方法,一般采用坐标式秩序表进行编排,格式见表8-4。

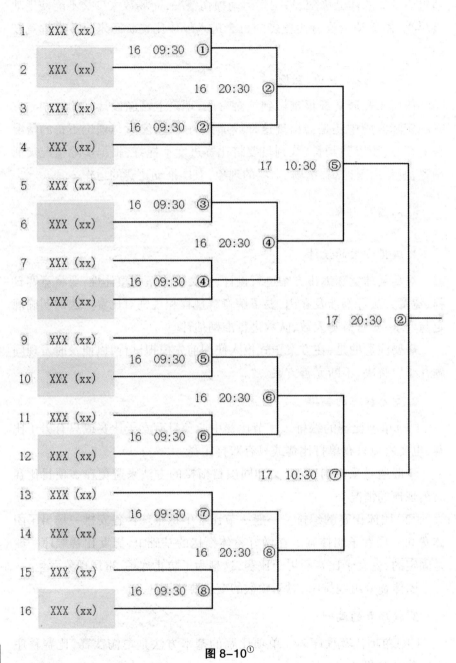

图 8-10[①]

---

① 李林，杨成波.乒乓球竞赛组织与管理[M].成都：电子科技大学出版社，2011.

第八章　高校乒乓球裁判员执裁能力的培养与提高

表 8-4　单循环坐标式秩序表[①]

	A	B	C	D	E	F	积分	比率	名次
A									
B	12 8：30 ③								
C	11 14：30 ②	10 14：30 ②							
D	11 8：30 ③	11 14：30 ①	10 8：30 ③						
E	10 14：30 ①	10 8：30 ②	11 8：30 ①	12 8：30 ②					
F	10 8：30 ①	11 8：30 ②	12 8：30 ①	10 14：30 ③	11 14：30 ⑨				

4. 编排结果的检查

完成编排工作后，要仔细核对，检查方案是否符合竞赛规程的规定，而且要对比赛强度是否合理做出判断并适当调整，同时要检查是否存在连场、重场等问题。

5. 技术文书的编印

最后着手秩序册和成绩册的编印工作。

[①] 李林，杨成波.乒乓球竞赛组织与管理 [M].成都：电子科技大学出版社，2011.

参考文献

[1] 王勇.高校乒乓球教学的现状分析及优化途径研究[J].当代体育科技，2020,10（29）：161-163.

[2] 缪振尚.从技能角度看乒乓球运动的专项特征[J].当代体育科技，2013,3（4）：113-114.

[3] 李东升,闫志燕.云南省高校乒乓球运动开展现状研究[J].文体用品与科技,2019（9）：70-71.

[4] 佟晓冬,刘轶.体育教学设计与实践[M].沈阳：东北大学出版社，2009.

[5] 许文鑫.中学体育课堂有效互动的理论与实证研究[M].北京：科学出版社,2015.

[6] 王淑英.学校体育课程体系研究[D].石家庄：河北师范大学,2012.

[7] 康厚良,刘擎志,赵丹.云南高校乒乓球运动课程与设施建设研究：以云南经济管理学院为例[J].新西部,2018（36）：33-34.

[8] 胡亦海.竞技运动训练理论与方法[M].北京：人民体育出版社,2014.

[9] 王岳.辽宁省属普通高校乒乓球课程优化研究[D].大连：辽宁师范大学,2017.

[10] 李启迪,邵伟德.体育教学基本理论研究[M].北京：北京师范大学出版社,2014.

[11] 田继军.基于人本主义理念的高校体育教育教学改革路径[J].冰雪体育创新研究,2020（16）：32-33.

[12] 陈杰."终身体育"理念下高校体育教学改革浅析[J].科教文汇（中旬刊）,2020（11）：131-132.

[13] 王尔西.快乐体育教学理念在高校体育教学中的应用研究[J].作家天地,2020（21）：58-59.

[14] 张琳.创新教育理念的高校体育教学探究[J].冰雪体育创新研究，2020（16）：64-65.

[15] 贺奇乐,卫廷,杨琦."健康第一"理念下高校体育教学的改革创新[J].

陕西教育(高教),2020(6):29-30.

[16] 马玲. 教学环境对高校体育教学的影响与优化探究[J]. 创新创业理论研究与实践,2020,3(11):47-48.

[17] 孙海棠. 高校体育教学中体育教学环境的作用及优化途径[J]. 当代体育科技,2020,10(22):110-111,114.

[18] 田伟. 现阶段我国高校体育教学环境优化与发展探究[J]. 文体用品与科技,2020(1):106-107.

[19] 黄丽秋. 终身体育思想的形成及教学引领研究[D]. 长沙:湖南师范大学,2014.

[20] 张瑞林. 乒乓球运动[M]. 北京:高等教育出版社,2006.

[21] 胡毅,朱旖旎,刘振,等. 普通高校乒乓球课教学内容的优化探究[J]. 体育风尚,2019(9):152.

[22] 兰彤,何艳. 体育院校体育教育专业乒乓球课程内容设置创新研究[J]. 沈阳体育学院学报,2008(5):90-92.

[23] 李冬阳. 高校乒乓球课教学内容的优化与改革[J]. 拳击与格斗,2020(1):86.

[24] 朱洪生,谢秀叶,李卫东. 大学体育乒乓球课程教学内容设计:基于实战情境课程模式的应用[J]. 当代体育科技,2020,10(18):105-107,109.

[25] 刘建和. 乒乓球教学与训练[M]. 北京:人民体育出版社,2004.

[26] 张振华. 体育教学理论与方法[M]. 北京:北京师范大学出版社,2016.

[27] 李启迪,周妍. 体育教学方法与手段甄异[J]. 体育与科学,2012,33(6):113-117.

[28] 曲红军. 论体育教学方法的分类与选择[D]. 济南:山东师范大学,2003.

[29] 张词侠. 微格教学在乒乓球动作技能教学中的应用[J]. 当代体育科技,2017,7(16):33-34.

[30] 王蕴衡. 多媒体在高校乒乓球教学中的影响以及运用研究[J]. 当代体育科技,2019,9(11):153,155.

[31] 刘呈浩. 信息化教学手段在乒乓球教学中的应用[J]. 拳击与格斗,2020(12):108-109.

[32] 吴雪梅. 微课教学模式在高校乒乓球教学中的应用探索[J]. 产业与科技论坛,2018,17(24):168-169.

[33] 龚涛. 微课在高校乒乓球课教学中的运用刍议[J]. 才智,2020(20):

132-133.

[34] 符鹏. 高校乒乓球教学中方法多样化改革研究 [J]. 才智, 2018（31）: 112.

[35] 胡茂全. 江苏省普通高等学校体育教学评价的研究 [D]. 南京: 南京师范大学, 2011.

[36] 路富林. 浅析乒乓球战术意识的培养 [J]. 内江科技, 2013, 34（3）: 136, 181.

[37] 杨领航. 运动竞赛战术的研究与制定 [J]. 攀枝花学院学报, 2007(3): 110-112.

[38] 苏丕仁. 乒乓球运动教程 [M]. 北京: 高等教育出版社, 2004.

[39] 中国乒乓球协会. 乒乓球竞赛规则: 2016[M]. 北京: 人民体育出版社, 2017.

[40] 李林, 杨成波. 乒乓球竞赛组织与管理 [M]. 成都: 电子科技大学出版社, 2011.